September erschien erste Auflage von *Alf Letter*.

1936 Machte einen Besuch in New York – von Januar bis April. Führte Psychoanalyse durch. Begann nach der Lektüre des *Reisetagebuches* Briefwechsel mit Keyserling. *Schwarzer Frühling* erschien im Juni.

1937 Wichtige Begegnung mit Lawrence Durrell. *Scenario* mit Illustrationen von Abe Rattner veröffentlicht. Bereitete Veröffentlichung von *The Booster* und *Delta* mit Alfred Perlès vor. Fuhr im Winter einige Wochen nach London, um Perlès zu besuchen. Lernte W. T. Symons, T. S. Eliot und Dylan Thomas kennen.

1938 Begann im Januar für französische Zeitschrift *Volontés* zu schreiben. Im selben Monat erschien *Money and How It Gets That Way*. Zweite Auflage von *Alf* erschien im Juni, *Max and the White Phagocytes* im September.

1939 *Wendekreis des Steinbocks* im Februar veröffentlicht, die *Hamlet*-Korrespondenz mit Michael Fraenkel später im Jahr. Verließ die Villa Seurat im Juni, um ein Jahr Urlaub zu machen. Ende eines wichtigen Abschnitts enger Beziehungen mit Anaïs Nin, Alfred Perlès, Michael Fraenkel, Hans Reichel, Abe Rattner, David Edgar, Conrad Moricand, Georges Pelorson, Henri Fluchère u. a. Bereiste Südfrankreich. Brach am 14. Juli nach Athen auf und traf im August bei Durrell auf Korfu ein. Mehrere Fahrten nach Athen, besuchte einige der Inseln, bereiste den Peloponnes. Bisher höchster Wasserstand in den Abenteuern des Lebens. Lernte George C. Katsimbalis (den Koloß) kennen, George Seferiades, den Dichter, Ghika, den Maler, u. a. Fand wahre Heimat, die richtige Atmosphäre. Quelle eines regelmäßigen Einkommens versiegte mit dem Tod des Pariser Verlegers (Jack Kahane, Obelisk Press) am Tag nach der Kriegserklärung.

1940 Kehrte im Februar nach New York zurück, wo ich Sherwood Anderson und John Dos Passos kennenlernte. Verbrachte den Sommer mit John und Flo Dudley im Hause Caresse Crosbys in Bowling Green, Virginia. Schrieb den *Koloß von Maroussi, Die Welt des Sexus, Stille Tage in Clichy* und begann *The Rosy Crucifixion*.

1941 Vom 20. Oktober 1940 bis zum 9. Oktober 1941 reiste ich, teilweise von dem Maler Abraham Rattner begleitet, durch die Staaten. Begegnete Dr. Marion Souchon, Weeks Hall, Swami Prabhavananda, Alfred Stieglitz, Ferdinand Léger und John Marin. Als ich in Mississippi war, starb mein Vater, und ich kehrte nach New York zurück. Zog im Juni 1942 nach Kalifornien. Arbeitete weiter an *The Rosy Crucifixion* (beendete die erste Hälfte) und am *Air-Conditioned Nightmare* (beendete etwa zwei Drittel).

1943 Malte zwei- bis dreihundert Aquarelle. Stellte mit Erfolg in Beverly Glen (The Green House), American Contemporary Gallery, Hollywood, aus.

1944 Stellte Aquarelle im Santa Barbara Museum of Art und in London aus. Siebzehn oder mehr Titel für Veröffentlichung in England und Amerika ediert. Jahr der Erfüllung und Verwirklichung. Erstes materiell ›erfolgreiches‹ Jahr im Leben. Krankheit der Mutter rief mich im Oktober nach Brooklyn. Besuchte Herbert F. West im Dartmouth College, New Hampshire, und stellte in der Yale-Universität aus. Heiratete am 18. Dezember 1944 Janina M. Lepska in Denver, Colorado. Zog nach Big Sur, meinem ersten wirklichen Zuhause in Amerika. Emil White kam im Mai aus Alaska, um mir seine Hilfe anzubieten. Begegnete Jean Page Wharton, die mein Denken stark beeinflußte.

1945 Beendete *Sexus* in Keith Evans' Hütte, Partington Ridge. Begann Übersetzung von *Une saison en enfer*, die nie beendet wurde. Tochter Valentine am 19. November geboren. Der israelische Maler Bezalel Schatz traf am 26. Dezember (meinem Geburtstag) ein.

1946 Zog im Januar in die Hütte am Anderson Creek. Begann mit Schatz an *Into the Night Life* zu arbeiten. Fing auch ein Buch über Rimbaud an: *Vom großen Aufstand*. Lernte Leon Shamroy kennen, der schließlich mehr als dreißig meiner Aquarelle kaufte. Erhielt Nachricht aus Paris, daß sich auf meinem Konto vierzigtausend Dollar angesammelt hatten, die ich mir jedoch nicht abholte. Jean Wharton bot uns ihr Haus am Partington Ridge an und überließ uns den Zeitpunkt der Bezahlung.

1947 Übernahm Jean Whartons Haus am Ridge im Februar. Begann *Plexus*. *Into the Night Life* vollendet.

1948 Schrieb *Das Lächeln am Fuße der Leiter*. Sohn Tony am 28. August geboren.

Mein Leben und meine Welt

von Henry Miller

EDITION PRAEGER MÜNCHEN · WIEN · ZÜRICH

A Gemini Smith Book

Die Originalausgabe erschien 1972 unter dem
Titel ›My Life and Times‹ in der Playboy Press,
New York

Aus dem Amerikanischen von Katja Behrens

ISBN 3 7796 8023 8

Umschlagentwurf:
Bradley Smith/Nicole de Jurenev
Umschlagzeichnung: Piero Fornasetti
Satz, Druck und Einband:
Gerhard Stalling AG, Oldenburg (Oldb)
Printed in Germany

Als ich Henry Miller bat, ein Vorwort für sein Buch zu schreiben, war seine erste Reaktion, daß Vorworte eine Quälerei, Unfug und reine Zeitverschwendung seien. Aber dann fügte er hinzu: ›Ich habe viele Vorworte für sehr verschiedene Bücher geschrieben – und ein Vorwort soll dem Leser nur dabei helfen, das Buch zu verstehen und richtig einzuschätzen – warum schreiben Sie es nicht?‹ Dieser Aufgabe also hoffe ich mich zu entledigen, indem ich erzähle, wie dieses Buch zustande kam.

Dieser Bericht über Millers Leben entstand Wort für Wort über manch einem Gin Tonic und manch einem guten französischen, italienischen oder japanischen Essen, heruntergespült mit vielen Flaschen jener flüssigen Verbindung von Sonnenschein und Trauben, die aus den zu Recht so berühmten Weinbergen Frankreichs kommt. Unsere Unterhaltungen, Prologe zu den stundenlangen, auf Band aufgenommenen Gesprächen, wurden beständig unterbrochen. Egal, welches Restaurant wir wählten, egal, wie unauffällig wir hineinschlüpften und in einer Ecke aßen, es gab immer irgendwelche Miller-Verehrer, von Teenagern bis zu Achtzigern, die ihn bald entdeckten. Viele begnügten sich mit verstohlenen Blicken und einem Flüstern über den Tisch – ›da sitzt Henry Miller‹. Aber es gab immer einige, die dem Drang nicht widerstehen konnten, an den Tisch zu kommen und ihm zu sagen, wie sehr er ihr Leben verändert habe. Viele brachten ihre Dankbarkeit für das von Henry erweckte Gefühl der Befreiung zum Ausdruck. Henry war immer höflich, ja sogar charmant und galant, besonders bei Frauen. Aber ich weiß noch genau, wie er einmal zwischen zwei Verehrern sagte: ›So ist das immer. Ich büße für alles, was ich geschrieben habe.‹ Trotzdem merkte ich, daß er die Kommentare seiner Bewunderer genoß.

Während des Essens sprach Henry oft über unsere Arbeit und ihren Fortgang. So sagte er manchmal: ›Bradley, ich möchte wissen, wie das alles angefangen hat, wieso ich mich zu dieser ganzen Scheißarbeit habe verleiten lassen.‹ Nun, das war so: Ich gab ein Buch heraus und hoffte, Lawrence Durrell für das Vorwort zu gewinnen.

Ich brauchte Durrells Adresse. Meine Freundin Helen, jetzt meine Frau, glaubte zu wissen, wie ich sie bekommen könnte. Sie lud einen Freund von sich, den Regisseur und Oscar-Preisträger Robert Snyder, zu uns zum Essen ein. Snyder wußte nichts Genaues über Durrells Adresse, aber er meinte, daß Henry Miller mir noch am ehesten weiterhelfen könnte. Als er mich jedoch ein paar Wochen später schließlich mit Henry bekanntgemacht hatte, war der Termin für das Vorwort schon lange verstrichen.

Weit wichtiger, als irgend jemandes Adresse zu erhalten, war es für mich, von Snyders aufregendem neuen Film, *The Henry Miller Odyssey,* zu erfahren. Der Film wurde damals gerade gedreht und ist inzwischen fertiggestellt und freigegeben. Als Snyder an jenem Abend über seinen Film sprach, fing ich an, mir ein anderes Projekt vorzustellen – ein Buch, das Millers Leben in Wort und Bild aufrollen würde – eine visuelle Autobiogra-

phie. Als ich das Snyder gegenüber erwähnte, erklärte er sich bereit, einige der in dem Film enthaltenen Interviews und Standfotos, die er bei Außenaufnahmen gemacht hatte, zur Verfügung zu stellen. Ich nahm sein Angebot dankbar an, und so wurden einige Passagen von der Tonspur seines Films übertragen und in den Text dieses Buches eingebaut.

Als ich Miller meine Idee vortrug, sagte er zuerst: ›Aber ich habe gerade eben einen Film über mein Leben gedreht. Und außerdem habe ich die Geschichte meines Lebens in meinen Büchern geschrieben wie kein anderer Schriftsteller.‹ Als ich den Einwand machte, ein Buch sei kein *Film* und ich hoffte, daß er die Geschichte seines Lebens noch einmal erzähle, willigte er zögernd ein.

Und so begannen wir, ein illustriertes Buch über Henry Millers Leben und Welt zu erarbeiten. Wir fanden schon bald heraus, daß wir einander ziemlich *simpatico* waren, und unsere Gespräche waren wie ein unablässiger Vorstoß in die Realität der Vergangenheit. Ich stellte Fragen zusammen, um dem Buch einen Erzählfaden zu geben. Aber gleichzeitig plante ich die visuellen Eindrücke, die ich von Henry und seinen Freunden vermitteln wollte.

In den nächsten achtzehn Monaten sprachen wir über Henrys Leben – sein Leben heute, die alten Zeiten in Big Sur, Paris und New York. Unsere Dialoge schlossen auch Fragen und Antworten über Schreiben und Malen, Leben und Tod ein.

In mehr oder weniger regelmäßigen Abständen bekam Henry es ziemlich satt. Wenn die Sonne unterging, sagte er oft: ›Ist es nicht Zeit für einen Gin Tonic? Machen wir doch Schluß.‹ Aber das taten wir nicht. Die Dialoge, die zu Monologen wurden, gingen weiter. Manchmal, wenn wir auf intime Aspekte seines heutigen Lebens und einiger Episoden der Vergangenheit zu sprechen kamen, die er, wie er sagte, nie zu enthüllen beabsichtige, protestierte er, schien jedoch seinen Spaß daran zu haben.

Ich war mir über die Gründe, warum ich dieses Buch machen wollte, ziemlich klar, aber ich bat Henry, sich dazu zu äußern, warum er sich darauf eingelassen hatte. Er sagte:

›Da meine Bücher größtenteils von mir selbst handeln, mögen die Leser sich fragen, warum ich ihnen meine Lebensgeschichte auf diese Weise noch einmal auftische. Ich bin nicht sicher, eine überzeugende Antwort darauf geben zu können, außer, daß man einen Stoff oder ein Thema im Gespräch oder, wie die Franzosen es treffender nennen, *entretiens,* oft von einem anderen Blickwinkel aus angeht. Ohne literarische Ambitionen und Schnörkel zeichnen sich die Tatsachen und Ereignisse eines Lebens deutlicher ab und werden so für viele Leser klarer und verständlicher.

Wie mit den Gesprächen, so war es mit den Fotos. Bradley und ich wollten beide meine Aqua-

relle einbeziehen – also fotografierte er sie. Auch folgte er mir mit einer Kamera in der einen und einem Gin Tonic in der anderen Hand durchs Haus und machte viele der Aufnahmen, die dem Text eine lebendige, neue Note geben. Manchmal glaube ich, sie sagen sogar mehr über mich als meine eigenen Worte. Andere Aufnahmen wurden bei Freunden und Fotografen, in Bibliotheksarchiven, Familienalben und Gott weiß wo ausgegraben.
Was mich immer mehr erstaunt, wenn ich an all die Mühen, all den Trubel zurückdenke, ist, daß man, gleich ob durch Gespräche, Schriften, Fotos oder analytische Untersuchungen, nie eine vollkommene, abschließende Darstellung eines Lebens geben kann. Es sind alles Versuche, Forschungsunternehmen, kaleidoskopische Konstruktionen – zu bestimmten Zeiten, in bestimmten Stimmungen oder unter psychologischen Voraussetzungen entstanden, die stark variieren. Keine Methode, nicht einmal eine Kombination aller Methoden, deckt ›es‹, jenes un-

faßbare Geheimnis, das jedermanns Leben zugrunde liegt, jemals auf. Selbst das Leben des bescheidensten Menschen ist unvorstellbar reich an Episode und Drama. Aber wenn das Ganze unmöglich ist, so wird hier genug berichtet, um eine Ahnung davon zu vermitteln, was ich in der kurzen Zeitspanne von neunundsiebzig Jahren erlebt habe.‹
Während dieses Jahres lernte ich Henry näher kennen und brachte ihm bald eine tiefe Zuneigung und Achtung entgegen. Wir spielten zusammen Pingpong, und er gewann immer. Er besiegt fast alle seine Gäste, zum Teil vielleicht, weil er zu Hause täglich spielt, und zum Teil, weil er außerordentlich gute Reflexe hat und sehr wendig ist. Bei ihm zu Hause konnten wir verhältnismäßig ungestört reden, denn Henry weigert sich, ans Telefon zu gehen, Gäste kommen selten uneingeladen, und die drei jungen Japanerinnen, seine Frau und die beiden Mädchen, die bei ihm lebten, hielten sich im Hintergrund. Eine angenehme Begleitung unserer Gespräche werde ich nie vergessen. Eine von Henrys Freundinnen, eine junge Japanerin mit einem Sopran, bereitete sich darauf vor, Opernsängerin zu werden, und ich bin sicher, daß ich die berühmte Arie *Un Bel Di* aus *Madame Butterfly* nie hören werde, ohne mich an die Atmosphäre des Millerschen Haushalts zu erinnern.
Eines Tages kam er dann von Los Angeles nach La Jolla, um mich zu besuchen und in seiner sauberen, leserlichen Handschrift Bildunterschriften zu den vielen Fotos zu schreiben. Und damit war das Buch fertig. Wir sprachen über alte und neue Zeiten, wir tranken und aßen, und vor lauter Aufregung, Henry Miller im Haus zu haben, zerbrach meine sechzehn Jahre alte Stieftochter Janet zwei Gläser und einen Teller, verschüttete den Wein und warf eine Stehlampe um.

BRADLEY SMITH
LA JOLLA, KALIFORNIEN

Für den, der mit
dem Kopf denkt, ist das
Leben eine Komödie.
Für diejenigen, dit mit
dem Gefühl denken oder
sich vom Gefühl leiten
lassen, ist das
Leben eine Tragödie.

HEUTE

Ich will damit anfangen, daß die Art und Weise, wie ich den größten Teil meiner Zeit verbringe, ganz und gar nicht meinen Wünschen entspricht. Das liegt daran, daß ich immer noch ein Gewissen habe – was ich bedaure. Ich bin ein Mensch, der Rücksicht auf seine Verpflichtungen und Pflichten nimmt, und dagegen habe ich fast mein ganzes Leben lang angekämpft. Ich möchte sagen, scheiß auf alles, scheiß auf euch alle, verschwindet aus meinem Leben. Das sind meine Empfindungen. Ich würde gerne, das habe ich schon soundso oft gesagt, soweit das möglich ist, nichts tun, und ich meine absolut nichts. Fast vegetieren. Natürlich meine ich damit nicht Vegetieren im üblichen Sinne, sondern Untätigkeit, Gleichgültigkeit gegenüber dem, was man allgemein für wichtig hält. In den letzten zwanzig Jahren bemühe ich mich darum, vom Tun zum Sein zu kommen. Mir liegt mehr daran, zu sein als zu tun. Es gibt nichts, was ich wirklich ausführen möchte, nichts hat wirklich Wert für mich. Nichts ist so wichtig, daß es getan werden muß, und doch plage ich mich jeden Tag mit irgendwelchen Scheißarbeiten ab, die mir andere aufgehalst haben. Es gibt so viele Projekte. Alle wollen wissen, was ich mache, wie ich lebe, wie ich früher gelebt

habe und so weiter. Und es widert mich in gewisser Weise unsagbar an, immer wieder alles über mein Leben oder meine Zukunftspläne herunterleiern zu müssen.
Ich will keine Pläne, ich habe keine wirklichen Pläne für die Zukunft. Ich möchte einfach jeden Tag, wenn ich aufwache, sagen *le bel aujourd'hui,* und das wär's. Ich möchte den Tag auf irgendeine Weise verbringen, die mir gefällt, und ich bin da nicht festgelegt. Ich bin an dem wunderbaren, herrlichen Punkt angelangt, an dem ich keine Notwendigkeit für irgendeine festgelegte Lebensweise sehe. Aber ich kann es nicht. Einmal bin ich zu bekannt. Menschen belästigen mich, und meine Freunde sind oft meine schlimmsten Feinde. Ich kann sie nicht ignorieren, und ich versuche es nicht einmal. Tatsächlich hat man keine andere Wahl. Wir *glauben,* wir hätten die Wahl, aber unser Temperament, unser Charakter und unsere frühere Lebensweise – alles, was man in seinem Leben getan hat – bestimmen unser Tun, ob wir wollen oder nicht.
So fühle ich mich in gewissem Sinne manchmal als Opfer meiner eigenen Schöpfung. Ich habe ein Werk geschaffen, das viele für bedeutend halten, und jetzt muß ich dafür zahlen. Es wendet sich auf

seltsame Weise gegen mich. Die Leute meinen: ›Oh, dem muß es jetzt gutgehn. Er hat Geld, dieses herrliche Haus, einen Swimming-pool, immer Mädchen um sich‹ und so weiter. Nun, das ist eine Illusion.

Es stimmt, daß mein Leben nie langweilig ist, das muß ich sagen. So viele Leute kommen und gehen die ganze Zeit, und ich meine damit Freunde und Freunde von Freunden und Frauen, daß ich mich nie langweile... Manchmal wünsche ich, ich könnte mich langweilen, daß es nichts zu tun gäbe und die Zeit schwer auf meinen Händen lasten würde. Aber ich bin mit einem Kopf gestraft, vielleicht auch gesegnet, ich weiß es nicht, der unaufhörlich arbeitet. Die Gedanken reißen nie ab. Nachts wache ich zwei- oder dreimal auf, um mir Notizen zu machen, was ich morgen tun will. Und ich *will* morgen gar nichts tun. Aber ich werde etwas tun. Ich werde nach einem Buch suchen, das ich schon lange lesen wollte. Mein Kopf hört nie auf zu arbeiten.

In gewisser Weise lebe ich einen großen Widerspruch. Wenn auch keinen, der, wie soll ich sagen, direkt schädlich für mich ist. Ich lebe insofern einen Widerspruch, als ich sage, all das ist nicht wichtig, und doch mache ich es wichtig. Bei mir gibt es keine Schluderei. Alles, was *ich* tun will, muß getan werden. (Das ist der Deutsche in mir, den ich hasse.) Und ich tue es. Ich folge diesen Befehlen, diesen Impulsen. Ich spreche immer an, ich bin sehr empfänglich für alles. Ein Freund erzählt mir etwas, geht dann, und ohne es zu wissen, hat er mir etwas in den Kopf gesetzt. Nachdem er gegangen ist, mache ich mir Notizen – was hat er noch über dies oder das gesagt? – finde mehr darüber heraus! Verstehen Sie? Es ist mein Wesen.

Finanziell geht es mir jetzt recht gut. Von dem, was ich gespart habe, könnte ich vielleicht zwei Jahre leben – ich meine, wenn ich kein Einkommen mehr hätte, wenn nichts mehr hereinkäme. Aber ich glaube, meine Bücher werden mir immer ein paar Tantiemen einbringen, genug, daß es zum Leben reicht. Ich könnte jedoch nicht mehr so wie jetzt leben. Das würde mir aber nichts ausmachen. Das Leben, das ich im Augenblick führe, paßt eigentlich nicht zu mir. Ich habe immer sehr ärmlich gelebt. Ich mache mir nichts aus Luxus. Ich mag keine Diener haben. Ich habe hier viel Hausarbeit selber gemacht. Eine Zeitlang habe ich das ganze Haus allein in Ordnung gehalten. Ich habe die Böden gewischt, das Geschirr gespült und gekocht. Ich mache das jetzt nicht mehr gern, aber ich kann es. Das hab' ich mir in Paris angewöhnt, wo ich alles selber gemacht habe. Manchmal hab' ich auf winzig kleinem Raum ein phantastisches Essen für meine Freunde gekocht. Ich weiß nicht, wie ich das gemacht habe. Hin und wieder koche ich immer noch für mich.

Ich spiele jetzt schon siebzig Jahre Tischtennis. Mit zehn fing ich auf dem Eßzimmertisch an, und heute ist das Tischtenniszimmer der Mittelpunkt meines Hauses. Meine Partner kommen aus der ganzen Welt. Ich spiele gleichmäßig, defensiv und kontemplativ. Dieses Spiel erfüllt auch die wichtige Aufgabe, intellektuellen Diskussionen vorzubeugen. Wie bedeutend oder bezaubernd mein Partner auch sein mag, ich lasse mich nie von ihm oder ihr ablenken.

Zu Hause mit zwei meiner liebsten Asiatinnen – mit meiner Frau Hoki und ihrer verführerischen Freundin Puko. Einmal wohnten bei mir in Pacific Palisades gleich fünf reizende schlitzäugige Schönheiten zu Gast.

Wenn Hoki-san in Japan auf Tournee ist, verbringe ich die Abende in der angenehmen Gesellschaft ihrer – und meiner – Freundin Puko. In Wirklichkeit heißt sie Fumiko, aber Puko, ihr Spitzname, paßt besser zu ihr. Wenn sie das Zimmer betritt, spüre ich immer die Wärme ihrer Ausstrahlung.

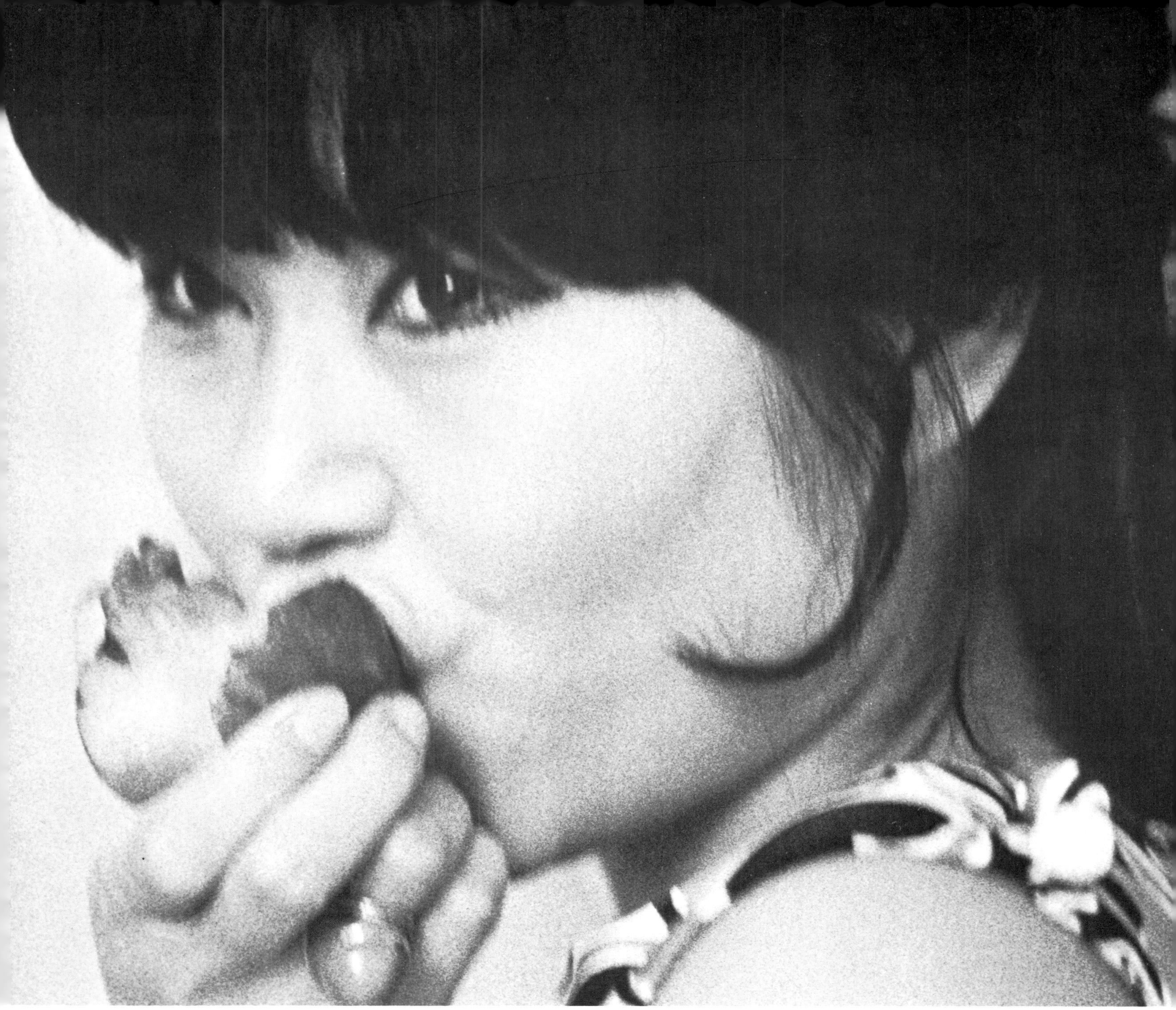

Mein idealer Tag wäre, vor allem keine Störungen, keine Telefonanrufe, keine Besucher und keine Briefe, die dringend beantwortet werden müssen. Ein Tag für mich. Und dann würde ich vielleicht aus eigenem Antrieb ein paar Briefe schreiben. Ich würde spät aufstehen; nur, wenn mir danach wäre, mit Schwung aus dem Bett zu springen. Ich würde mich überhaupt nicht um die Zeit kümmern. Wie spät? – scheiß drauf! Das gehört zu den Dingen, die mir das Leben am meisten vergällen – wie spät ist es? Zeit zu essen, Zeit, dies oder das zu tun – nein, ich hasse das. Wenn ich gutgelaunt wäre, würde ich sogar etwas anderes als Briefe schreiben, weil es viele Dinge

Puko ist eine meiner liebsten Zuhörerinnen. Hier erzähle ich ihr gerade eine greuliche Geschichte, wie ich mit voll entwickelten Zähnen auf die Welt kam und als erstes in die Brust biß, die mich nährte.

Varda

Hier bin ich mit zwei berühmten alten Freunden – Anaïs Nin und Jean Varda – auf einer Ausstellung von Vardas Collagen. Varda ist ein Meister der Collage wie des Lebens.

gibt, über die ich noch gerne schreiben würde. Ich spreche nicht von einem dicken Buch.
Aber zuerst einmal würde ich schwimmen gehen. Und dann müßte irgendwann im Laufe des Tages, am liebsten am Spätnachmittag, ein guter Freund und guter Tischtennisspieler vorbeikommen, so daß ich ein paar Stunden Tischtennis spielen könnte. Ich würde schwimmen, ich hätte mein Pingpong. Ein französisches Essen, wenn möglich. Dann würde ich gern in einen guten Film gehen. Wenn ich den richtigen nicht finde, sehe ich mir vielleicht auf gut Glück einen japanischen an. Im allgemeinen gefallen sie mir. Aber wenn ich in einen Film gehe, der als Bombenerfolg angekündigt wird, laufe ich im allgemeinen nach zehn oder fünfzehn Minuten 'raus. Einen erstklassigen Film sehe ich selten. (Eine großartige Ausnahme war kürzlich Fellinis *Satyricon.)* Schließlich würde ich lesen. Ich lese immer im Bett, und ich habe immer sechs oder acht Bücher neben dem Bett. Ich springe von einem zu andern.
Ich freue mich immer, wenn eine Frau mich besucht, und natürlich tun sie das. Aber dieses ganze Gerede darüber, daß ich so viele Frauen haben kann, wie ich will! Ich will Ihnen was sagen, ich bin nicht unbedingt darauf aus, ins Bett zu gehen. Es liegt mir viel mehr daran, mich mit einer Frau gut zu verstehen, und wenn es im Bett endet, gut, aber wenn nicht, auch gut. Das ist nicht mehr *sine qua non.* Ich habe Frauen gern um mich, wie man Blumen gern um sich hat. Sie verbreiten Atmosphäre; sie machen das Leben interessanter. Ich hatte Frauen immer lieber um mich als Männer. Aber ich bin ein guter Freund, und ich habe einige wenige enge Freunde. Ich schließe leicht Freundschaft, aber viel mehr Freunde will ich nicht. Mein Leben ist mit Freunden überladen, aber sie haben mich eher daran gehindert, weiterzugehen als mir dabei geholfen. Das klingt hart. Es ist nicht genau das, was ich meine. Ich bin meinen Freunden in vieler Hinsicht zu Dank verpflichtet, aber wenn ich etwas tun will, dann sind mir meine Freunde mehr im Weg als meine Feinde. Sie nehmen meine Zeit stark in Anspruch. Mißverstehen Sie mich nicht. Ich weiß

Wenn ich in den Spiegel blicke, kann ich der Versuchung nicht widerstehen, einmal auszuprobieren, wie ich aussehen würde, wenn ich ein wirklicher Clown wäre. Wie Sie sehen, bin ich gar nicht so schlecht.

Das Telefon ist ein rotes Tuch für mich, eine Erfindung des Teufels. Wenn ich alleine lebte, käme ich ohne es aus. Die hartnäckigsten Anrufer sind immer die, von denen man nichts hören will.

Das ist die ›Bude‹ meines guten Freundes Joe Gray, der seine Wände mit meinen ›Missetaten‹ dekoriert hat. Ich kann mir ein Leben in Pacific Palisades nicht ohne Joes regelmäßige Besuche vorstellen, dessen Gespräche sich immer um Bücher, Boxen und ›unerwiderte Liebe‹ drehen.

Freundschaft zu schätzen. Ich habe nichts Misanthropisches in mir, und ich glaube, ich bin loyal. Aber weil ich so viele Menschen anziehe, werden Menschen mir manchmal lästig, fallen mir auf den Wecker. Wenn ich es klingeln höre, du meine Güte! Ich habe einmal über D. H. Lawrence gelesen, wie er sich in der Küche oder sonst irgendwo versteckte, um den Leuten zu entgehen. ›Sag, ich wär' nicht zu Hause‹, das sage ich auch immer. ›Sag, ich wär' verreist.‹ Ich glaube nicht, daß diese Einstellung mit dem Alter zusammenhängt, obwohl das sicher auch eine Rolle spielt.

TORO
DIMANCHE

Bei mir ist das eine Phobie, genau wie ich einen Horror vor dem Telefon habe, seitdem ich bei der Western Union war und drei Telefone auf meinem Schreibtisch hatte und versuchte, mit drei Leuten gleichzeitig zu sprechen. Nun, mein ganzes Leben lang kommen Leute mich besuchen, meistens welche, die ich nicht kenne, die ich nicht eingeladen habe. Das kann gut, schlecht oder nebensächlich sein, aber wie soll man mit all dem fertig werden? Das ist ein Ding der Unmöglichkeit. Ich bin wirklich gern mit meinen eigenen Freunden zusammen. Manchmal öffne ich einem Fremden die Tür, und er erweist sich als großartiger Mensch. Aber das bedeutet nicht, daß ich ihn wiedersehen will. Einmal ist genug.

Am Anfang seines Lebens schließt man enge Freundschaften; man hilft sich gegenseitig, Probleme zu lösen. Nun, dieses Bedürfnis habe ich nicht mehr. Es ist schon lange her, daß ich das hatte.

Ich habe einen sehr guten Freund, den ich ständig sehe. Er will nichts von mir. Sein Name ist Joe Gray. Ich habe Joe vor etwa zehn Jahren auf einer Party bei Bernie Wolf kennengelernt. Bernie ist der, der *Really the Blues* geschrieben hat. Joe und ich, wir kamen ins Gespräch, und nach ein paar Minuten sagt Joe: ›Wir kommen aus demselben Viertel von Brooklyn.‹ Und ich fragte: ›Waren Sie nicht mal ein Boxer?‹ Er sah so aus, wissen

Joe Gray sammelt Frauen – nur gutaussehende – wie andere Leute Münzen oder Bilder. Und er ist äußerst großzügig darin, sie an seine Freunde weiterzureichen, besonders an meine Wenigkeit.

Es gibt Männer, deren Opferbereitschaft über die Grenzen der Freundschaft hinausgeht. So ein Mann

ist Emil White. Seit 25 Jahren weiß ich, daß ich mich in allem auf Emil verlassen kann.

Sie. Wir fingen an, uns über das Boxen und Boxer zu unterhalten. Das machte ihn mir sympathisch. Dann fing er an, über Bücher zu reden. Er erzählte mir, was er las, und ich entdeckte, daß Byron einer seiner Lieblingsdichter war! Er liebt Keats und Shelley, aber ganz besonders Byron, aus dessen Werk er ganze Passagen zitieren kann. Als ich wieder einmal Liebeskummer hatte – und zwar einen ziemlich anhaltenden – brachte Joe mir immer kleine Zettel mit Byron-Zitaten mit. ›Du glaubst, du bist fertig, lies mal, was *er* geschrieben hat!‹

Er ist Schauspieler und Double – ziemlich bekannt unter Hollywoods Statisten. Er ist vollkommen natürlich, und er kümmert sich einen Scheißdreck um die Leute. Und doch ist er mir eines Abends, als er interviewt wurde, literarisch gekommen, wenn Sie wissen, was ich meine, er mußte ausgerechnet *schauspielern.* Er konnte nicht anders. Ich wollte, daß er einfach er selbst ist, seinen eigenen Jargon redet, der außerordentlich erfrischend ist. Er hat seine ureigene idiomatische Sprache. Zuhören kann er auch. Er denkt mit, selbst wenn es über seinen Horizont geht. Eines Abends brachte er ein Mädchen mit, das er im Studio kennengelernt hatte. Ich glaube, sie war japanischer Abstammung. Er sagte mir, sie sei hübsch. Aber ich kann mich auf sein Urteil nie verlassen. Zuerst sieht er sich die Beine einer Frau an – er liebt Beine. Dann sieht er sich die Brüste an. Sie müssen große Brüste haben. Das Gesicht sieht er sich, glaube ich, zuletzt an.

Seit kurzem, im letzten Jahr oder so, habe ich wieder angefangen, mich für Musik zu interessieren, besonders für das Klavier, das ich früher mal gespielt habe. Ich hatte das große Glück, mich mit Jakob Gimpel, dem Konzertpianisten, zu befreunden. Jetzt gehe ich zweimal im Monat zu ihm, um seine Meisterklasse zu besuchen. Ich muß sagen, daß das eine der größten Anregungen der letzten Jahre ist. Die Teilnahme an seinem Unterricht erschließt mir alle möglichen neuen Aspekte. Sehen Sie, die meisten seiner Schüler sind äußerst profilierte Pianisten. Jeder spielt irgendein Stück, auf das man sich zuvor geeinigt hat. Nachdem sie es durchgespielt haben, läßt er sie das Ganze wiederholen, unterbricht und korrigiert sie, erklärt ihnen genau, was falsch war und was ihrer Interpretation fehlt. Ich muß dieses Wort *Interpretation* betonen – weil es das ist, was mir so viel Vergnügen bereitet. Für alle Lebensbereiche ist dieses Wort eines der wichtigsten Worte, die ich kenne – *Interpretation.* Denken Sie nur einmal an die Astrologie. Es gibt solche und solche Astrologen. Die einzigen, die etwas taugen, sind diejenigen, welche die Gabe der Interpretation besitzen. Jeder kann lernen, ein Horoskop aufzustellen, aber es ist ganz etwas anderes, eine gute Interpretation von Charakter und Schicksal eines Menschen zu geben. Nun, genauso ist es mit der Musik, der Kritik, dem Schreiben und Malen. Jedesmal, wenn ich zu dieser Meisterklasse gehe, lerne ich ein bißchen mehr über die Kunst der Interpretation.

Ich spiele nie mehr ernsthaft Klavier. Hin und wieder setze ich mich hin und albere ein bißchen herum – imitiere den theatralischen Stil irgendeines Pianisten, tue so, als ob ich spiele. Natürlich

Wenn Gimpel, der Meister, den Vortrag eines Schülers unterbricht, so geschieht das oft, um darauf hinzuweisen, welche außerordentlichen Möglichkeiten im richtigen Gebrauch der Finger liegen. Hier hat er sich ans Klavier gesetzt, um zu demonstrieren, was er meint.

Die Musik hat immer eine große Rolle in meinem Leben gespielt, heute mehr denn je durch meine Ehe mit Hoki, einer Sängerin und Pianistin. Wir haben eine junge Frau zu Gast, die sich darauf vorbereitet, Opernsängerin zu werden, und so gibt es bei uns Madame Butterfly zu allen Tageszeiten.

Als meine Tochter Val noch ein kleines Mädchen war, setzten wir uns zusammen ans Klavier und taten so, als ob wir beide spielten. Auf diesem Foto, das aufgenommen wurde, als sie mich kürzlich besuchte, bringen wir unseren alten Trick.

Einst spielte ich Klavier. Heute spiele ich damit. Ich lasse lauter großartige Töne erklingen, die mit Musik nicht zu verwechseln sind. Manche Leute glauben dann, ich sei ein avantgardistischer Pianist.

klimpere ich auf den falschen Tasten herum. Ich versuche deshalb nicht, ernsthaft zu spielen, weil das mit zuviel Arbeit verbunden ist. Als Pianist hat mir das eine gefehlt – Talent. Darum habe ich es aufgegeben. Ich kann nicht improvisieren, und ich kann nicht interpretieren. Es bedeutet mir nichts, eine Beethoven-Sonate spielen zu können. Könnte ich es jemals lernen, sie so zu spielen wie Mr. Gimpel oder seine Schüler? Nie im Leben. Könnte ich es lernen, sie einigermaßen zu spielen? Vielleicht. Wenn man so etwas nicht gut kann, macht es keinen Spaß. Mein Gehör ist viel zu geschult, als daß ich mit einer mittelmäßigen Leistung zufrieden sein könnte.

Alles erfordert Zeit und Disziplin. Wenn man nicht regelmäßig übt, fällt man unweigerlich zurück. Man muß jeden Tag dran sein; das ist einer der Gründe, warum ein Mann wie Picasso so großartig ist. Er verliert seinen Strich nie, weil er ständig dran bleibt. Er braucht nicht einmal mehr nachzudenken. Er hat es einfach in den Fingern. Er greift nach dem Pinsel, und der Pinsel führt ihm die Hand, so stelle ich mir das jedenfalls vor.

Ich muß irgend etwas Perverses an mir haben. Ich meine damit, daß ich das Gegenteil von dem sein will, was ich bin, und doch bin ich, um ganz offen und ehrlich zu sein, so wie ich bin, recht glücklich. Ich würde mich nicht ändern wollen. Da kommt es 'raus – ein schrecklicher Widerspruch. Ich gebe es schamlos zu. Aber ich lege deshalb soviel Gewicht auf dieses *Sein* gegen *Tun,* weil das nicht nur mein eigener, sondern der Konflikt der modernen Welt ist. Wir sind jetzt an einem Punkt angelangt, an dem wir unsere Geschäftigkeit, nicht unser Schaffen, sondern unsere Geschäftigkeit, betrachten können und sagen müssen, sie stinkt. Sie ist der Ruin unserer Welt. Diese emsige Bienengeschäftigkeit, diese sinnlose Aktivität – das ist es, wogegen ich mich wende.

Das ist Lisa Lu, eine der geachtetsten Schauspielerinnen des chinesischen Theaters. Durch die Bekanntschaft mit ihr haben sich mir neue Perspektiven eröffnet.

Ich muß eines hinzufügen. Ich muß Ihnen sagen, daß ich eine Seite meines Lebens immer geheimhalte – selbst vor meinen engsten Freunden. Über diese Seite schreibe ich nie, obwohl sie eine große Rolle spielt.

Ich bin ein Mann, der sich ständig verliebt. Man sagt, ich sei ein unverbesserlicher Romantiker. Vielleicht bin ich das. Jedenfalls bin ich dankbar dafür, daß ich so bin. Es hat mir Kummer *und* Freude gebracht. Ich würde nicht anders sein wollen. Man arbeitet besser, man ist schöpferischer, wenn man verliebt ist. Und wer schöpferisch arbeitet, muß viel tun. Ich denke oft an das Alte Testament – wie Gott die Welt in sechs Tagen erschuf und wie Er sie dann gut fand und aufhörte. Vermutlich war Er mit seiner Schöpfung zufrieden.

Aber für mich ist diese Darstellung des schöpferischen Prozesses nicht richtig, weil der schöpferische Prozeß ständig weitergeht. Wenn man einmal angefangen hat, ist man ein wesentlicher Bestandteil seiner eigenen Schöpfung, und man kann nicht aufhören. Alle von uns, die nur etwas Bewußtsein und Intelligenz besitzen, wissen, daß wir im Leben irgendeine Rolle zu spielen haben. Ich sage nicht, daß wir uns unsere Rolle *aussu-*

chen; vielleicht sind wir hineingezwungen worden. Aber wir spielen sie. Die Leute sagen oft: ›Ach, ich kann dies tun, oder ich könnte auch das tun‹, aber das stimmt nicht. Wir haben keine Wahl. Man ist, was man ist, und man wird sein, was man ist. Aber es macht gar nichts aus, daß wir eine Rolle, ob nun eine bescheidene oder eine große, zu spielen haben. Das gibt dem Ich Antrieb, gibt dem Leben einen Sinn. Man ist ausgefüllt, wenn man seine Rolle nach besten Kräften spielt. Die Tragödie unserer Welt ist, daß die Menschen sich ihrer Rolle nicht bewußt sind. Sie sind zu bedauern.

Irgendwann hat mich jeder, der mich interviewte, gefragt, wie ich zum Schreiben gekommen bin. Ich habe eine Antwort gegeben, die zum Teil stimmt, aber über den anderen Teil bin ich mir nicht im klaren. Ich erkläre, daß ich alles andere versucht und dabei versagt hätte, und da hätte ich es eben mal mit dem Schreiben versucht. Das ist keine befriedigende Antwort, und doch ist etwas Wahres daran. Die Wahrheit ist, daß ich Angst davor hatte, Schriftsteller zu werden. Ich glaubte nicht, daß ich das Zeug dazu hätte – es war eine zu große Sache. Wer war ich, um mich *Schriftsteller* zu nennen? Ich meinte, Schriftsteller groß geschrieben – ein Schriftsteller wie Dostojewski, Joyce, Lawrence und so weiter. Also ließ ich es auf sich beruhen.

Jeden Tag unterdrücken Männer ihre Instinkte, ihre Wünsche, ihre Impulse und Intuitionen. Man muß aus der Scheißmaschinerie ausbrechen und das tun, was man wirklich tun will. Aber wir sagen, nein, ich habe Frau und Kinder, lieber nicht dran denken. Auf diese Weise begehen wir jeden Tag Selbstmord. Es ist besser, wenn ein Mann das tut, was er gerne will, und scheitert, als wenn er ein erfolgreicher Niemand wird.

Ich glaube, daß ein gehetztes, gefahrvolles Leben voller Ängste dem eines Handelsvertreters mit seiner Aktenmappe vorzuziehen ist. Es ist *dein* Leben, *dein* Elend, *dein* eigenes Unglück. So bist du aus einem Guß. Was auch geschieht, Gutes oder Schlechtes, es ist *deine* Sache, nicht Sache irgendeines Doubles. Ein Handelsvertreter ist ein Mann mit einer gespaltenen Persönlichkeit. Ein Teil von ihm ist Ehemann, Vater, Beschützer einer Familie, der andere ist ein Sklave, der den Rücken krümmt und ja zu seinem Chef sagt und alles mögliche tut, an das er nicht glaubt. Aber wenn man ohne alles dasteht und um Hilfe betteln muß, ist man nur man selbst. Man ist nackt, ausgeliefert und verletzlich. Man spürt, daß man die ganze Zeit das eigene Ich mit sich herumträgt. Es stimmt, daß es zwei Arten von Knechtschaft gibt. Man kommt nicht darum herum. Sie sind beide schrecklich und häßlich. Aber wenn man das tut, was man gerne tut, hat man immer noch ein Gefühl der Freiheit, selbst wenn es die Freiheit, zu hungern und zu leiden, ist.

Es gibt freiwillige und unfreiwillige Knechtschaft. Unter denen, die sich in freiwillige

Eine der sensationelleren Schönheiten, die mich gelegentlich besuchten, war die israelische Schauspielerin Ziva Rodann. Wir haben allen möglichen harmlosen Unfug zusammen getrieben.

Knechtschaft begeben haben, befinden sich wahrhaft große Persönlichkeiten. Ich beziehe mich da nicht etwa ein. Ich spreche von viel größeren Persönlichkeiten wie zum Beispiel dem heiligen Franziskus. Er entschloß sich, sein Leben dem Dienst an der Menschheit zu widmen, und nahm bereitwillig, ja sogar freudig, alle möglichen Erniedrigungen und Opfer auf sich.

Der Gedanke, daß auch ich das sein könnte, was man eine gespaltene Persönlichkeit nennt, fesselt mich außerordentlich. In letzter Zeit ist meine Hand mehrmals gelesen worden, und sie stellten jedesmal fest, daß die Herz- und Kopflinien zusammenlaufen. Das ist vermutlich ungewöhnlich. Was bedeutet das? Ich weiß es nicht. Zuerst dachte ich, es bedeutet Konflikt. Aber es hat eher etwas mit Denken und Fühlen zu tun. Für den, der mit dem Kopf denkt, ist das Leben eine Komödie. Für diejenigen, die mit dem Gefühl denken oder sich vom Gefühl leiten lassen, ist es eine Tragödie. Ich habe immer dieses Gefühl, gespalten zu sein. Oft sehe ich jeweils zwei Möglichkeiten. Ich denke nicht logisch. Meine Gefühle bestimmen zu einem Großteil mein Denken. Wenn ich mich schriftlich ausdrücke, versuche ich es gewöhnlich zu vermeiden, mich als Optimisten oder Pessimisten hinzustellen. Ich würde gern glauben, daß es etwas gibt, das über diese Gegensätze hinausgeht.

Der ›Welt‹ wird gewöhnlich etwas anderes gegenübergestellt. Wissen Sie, was ich meine, wenn ich sage, ein Mensch ist *von* der Welt oder *in* der Welt oder *nicht* von der Welt? So gesehen, verkörpert die Welt dann etwas, gegen das der Mensch sich wehrt, gegen das er ankämpft. Er möchte in ihr sein, aber nicht von ihr. Er möchte darüberstehen. Ich glaube jedoch, man kann nur beweisen, daß man nicht von ihr ist, indem man an allem teilnimmt. Man kann sich nichts, was von dieser Welt ist, entziehen. Man muß alles akzeptieren, was zu dieser Welt gehört, und dann zeigen, daß da noch mehr ist.

Das bedeutet nicht, daß man keine Maßstäbe der Billigung oder Ablehnung haben sollte. Man sollte nicht zur Beute werden, sollte nicht in die Falle Welt gehen. Man sollte an ihrem Treiben teilnehmen, sie verstehen lernen, und doch wissen, daß das, was uns bewegt und lenkt, uns durchs Leben führt, nicht allein von der Welt, in der wir leben, verkörpert wird, daß es da noch etwas anderes gibt, etwas Unsichtbares, Unergründliches, nicht Greifbares, das der Begriff ›Welt‹ nicht beinhaltet oder umfaßt.

Ich bin ein religiöser, aber kein frommer Mensch. Sagen wir es ganz einfach. ›Der Mensch lebt nicht vom Brot allein‹ ist eine kurzgefaßte symbolische Aussage. Sie bedeutet, daß nicht sein Erfolg im Kampf ums Dasein – daß er sich Brot und Sicherheit schafft, Frau und Kinder schützt – ihn aufrecht hält und stützt, sondern etwas anderes, etwas Undefinierbares – der Geist.

Ich glaube, ich spüre es, wenn ich damit in Berührung komme. Ich glaube, man weiß darum, wenn man mit Menschen redet. Es gibt solche, die arm im Geiste, und solche, die reich im Geiste sind. Ohne ihn ist niemand, aber in manchen Fällen flackert die Flamme ziemlich niedrig. Die Mehrzahl der Menschen scheint nichts als kleine flakkernde Flämmchen zu sein. Man merkt es, wenn man sie mit jemandem vergleicht, der ganz Feuer

und Ausstrahlung ist. Solche Menschen, in denen die Flamme des Geistes hoch brennt, sind etwas ganz Besonderes.
Die meisten von uns sind einfach Volk. Das stimmt, aber es bringt uns nicht weiter, wenn wir an dieser Vorstellung festhalten. Ich bin immer dagegen, Menschen einfach als ›Volk‹ zu betrachten. Das klingt nett und volkstümlich und heißt soviel wie: laßt uns freundlich und gesellig und *simpatico* sein. O. K. Manchmal – und ich glaube, daß selbst Heilige diesen Wunsch verspüren und dem auch nachgeben –, manchmal ist es notwendig, Menschen aufzureizen. Man muß ihnen einen Rippenstoß versetzen, sie aufrütteln. Das tut man aus Freundlichkeit, um sie auf sich selbst, auf ihre Möglichkeiten aufmerksam zu machen. Die meisten von uns schöpfen ihre Möglichkeiten bei weitem nicht aus.

Wenn wir von ›Volk‹ sprechen, meinen wir all die, die unterhalb der Horizontlinie leben, die nicht aufgegangen sind. Sie sind wie ein weiches Kissen, das uns alle trägt. Es stimmt, daß dieses ›Volk‹ uns stützt, die Arbeit der Welt verrichtet. Aber selbst dieses könnte Anderes, Größeres leisten. Ich glaube nicht, daß das, was man die Arbeit der Welt nennt, diese verherrlichte alltägliche Arbeit, wirklich so wichtig ist. Es wäre viel besser, wenn man den Leuten sagen würde, seid faul, drückt euch, wo ihr nur könnt, seid Müßiggänger, genießt, entspannt euch, macht euch keine Sorgen. Ich glaube, wir würden diese ganze Arbeit auf irgendeine andere Weise bewältigen.
Jesus hat gesagt: ›Schauet die Lilien auf dem Felde, wie sie wachsen; sie arbeiten nicht, auch spinnen sie nicht.‹ Dahinter steht der Gedanke, daß wir uns diese Arbeit schaffen, nicht, weil sie

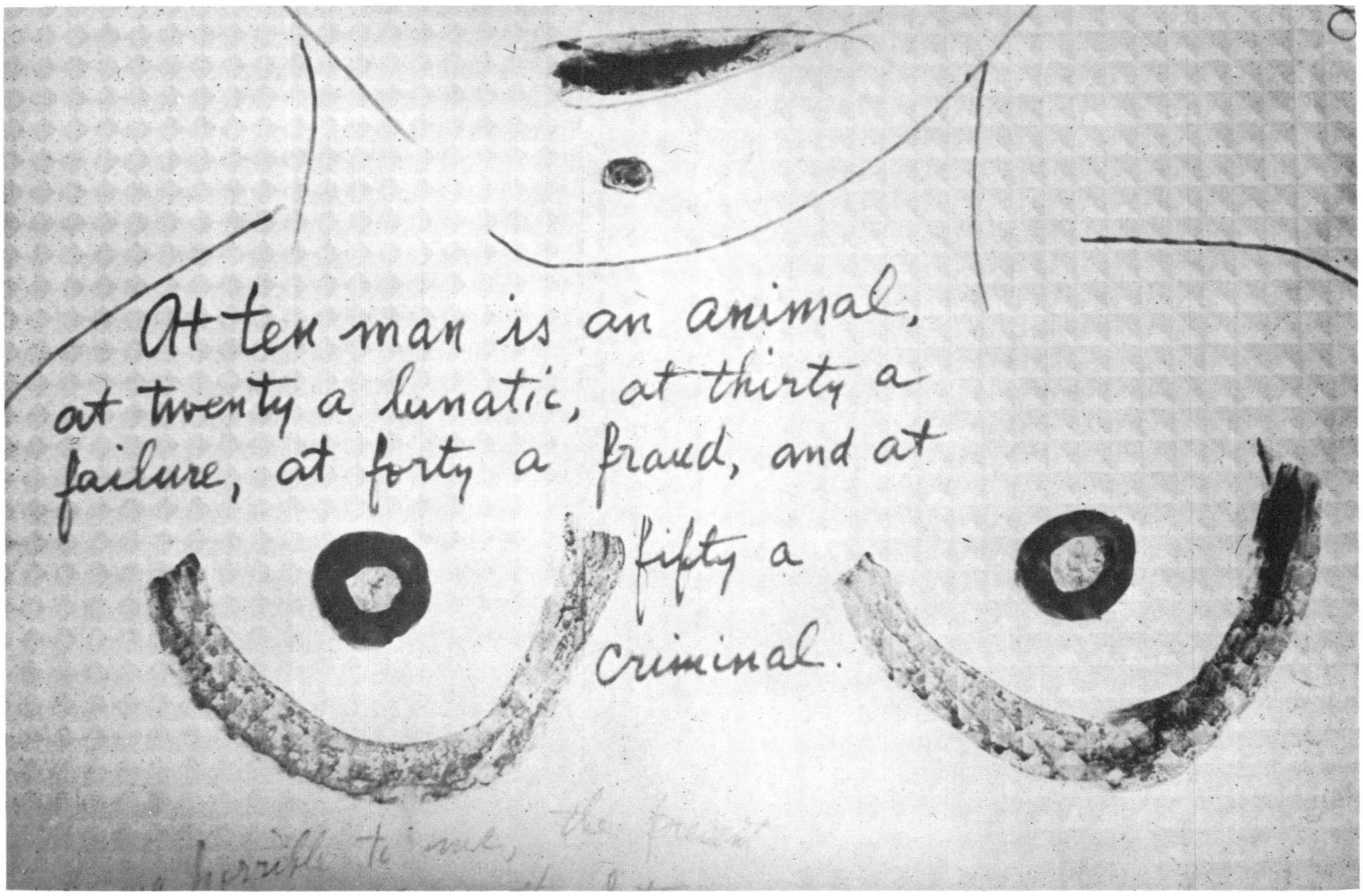

Eines von vielen Zitaten an den Wänden meines Arbeitszimmers. Dieses stammt von einem berühmten japanischen Schriftsteller, der vielleicht lieber ungenannt bleibt. Ich bin beeindruckt von der Wahrheit seiner Worte.

getan werden muß, sondern weil wir ewig herumfuhrwerken müssen, weil wir es nicht verstehen, uns vom Strom des Lebens treiben zu lassen. Wir ziehen eine Art sinnloser Insektenaktivität einer echten Aktivität vor, die häufig sogar im Nichtstun bestehen kann. Ich sage nicht, daß wir uns still verhalten, daß wir nichts tun sollen. Aber ich meine, daß das, was wir tun, einen Sinn, eine Bedeutung haben sollte. Und der größere Teil von dem, was wir jeden Tag tun, hat verdammt wenig Bedeutung.

Aber ein Mensch, der ganz an unserem heutigen Leben teilnimmt und das bewußt tut und bewußt genießt, ist fast so frei wie der, der sich treiben läßt. Wenn man etwas voll akzeptiert, ist man nicht mehr Opfer. Aber solche Menschen sind selten.

Oft betrachte ich gewöhnliche Menschen, alltägliche, bescheidene Menschen mit Neid und Bewunderung. Sie stellen keine Fragen, wie wir einander jetzt befragen, und stellen die Welt und ihren Lauf nicht in Frage. Sie haben die Aufgabe übernommen, die man ihnen angeboten hat, und erfüllen sie. In gewisser Weise hat das etwas Schönes und Edles. Sie sind einfache Seelen. Sie sind Seelen, selbst wenn sie im religiösen Sinne nicht als solche zählen. Sie sind wie fromme Gestalten, denn sie haben ihr Los auf sich genommen. Der Neurotiker dagegen ist ein gelähmter Mensch. Er kann nicht handeln, er kann nicht weitergehen, er kann weder schreiben noch malen oder was er sonst gern tun würde. Er denkt immerzu, seine Gedanken kreisen um Vergangenheit und Zukunft, kreisen um Vollkommenheit. Das ist sozusagen seine große Sünde. Nehmen wir zum Beispiel die Surrealisten. Durch das Schreiben entdeckten sie automatisch, daß man eine ungeheure Erleichterung verspürt, sobald man aufhört zu denken, die Bedeutung dessen, was man tut, vergißt und ›es‹ einfach herauskommen läßt. ›Es‹ weiß, was es tut.

Wie oft ist es mir schwergefallen, einen Anfang zu finden. Aber ich fing an. Ich fing mit irgend etwas an, das mir in den Sinn kam – gewöhnlich mit barem Unsinn. Nach ein oder zwei Seiten war ich ›drin‹. Es spielt keine Rolle, wo man anfängt, man kommt immer auf das zurück, was man ist. Man kann sich nicht entrinnen. Nehmen wir Schriftsteller wie Flaubert, Balzac, Henry James, die als ziemlich objektiv gelten. Sie schrieben nicht in der ersten Person. Sie schufen Typen, erdachten Personen. Immer etwas außerhalb ihrer selbst. Und doch merkt man immer, daß Henry James, Balzac oder Flaubert dies oder jenes geschrieben hat. Stellen wir Turgenjew gegen Dostojewski. Dostojewski hat sich fortwährend ausgeliefert. Turgenjew war der elegante Stilist, der Akademiker. Aber auch Turgenjew konnte sich nicht entrinnen. Man kennt ihn in jeder Zeile wieder. Es spielt keine Rolle, wie man etwas angeht, man wird immer auf sich selbst und die Themen, von denen man besessen ist, zurückkommen. Dali hat übrigens einmal gesagt, daß ein Künstler nur dann wirklich etwas taugt, wenn er besessen ist. Und Dostojewski war zweifellos ein besessener Schriftsteller. Dali halte ich noch eher für einen Besessenen. Beide wurden sie von etwas getrieben, das stärker war als sie selbst.

Andere Künstler versuchen, das zu vermeiden. Mit ›anderen‹ meine ich jene, denen die Welt mehr gewogen ist, die als fertigere, vollendetere Künstler gelten, wie zum Beispiel Tolstoi. Denken Sie dagegen an Dickens. Ein vollkommen entgegengesetzter Typ. Wer hat die Welt mehr bewegt? Ich würde sagen, Dickens. Ich glaube wirklich, daß Dickens die Welt mehr bewegt hat als Tolstoi. Ich glaube, daß Dickens Tolstoi überdauern wird. Er ist tiefer ins Menschliche vorgedrungen. Nebenbei war er auch ein großer Humorist. Darin ist er einzigartig.

Ich glaube, es war Baudelaire, der gesagt hat: ›Man muß immer trunken sein.‹ Aber was bedeutet das? Man muß immer in Ekstase sein! Immer von einem göttlichen Rausch erfüllt sein! Das war

damit gemeint, und nicht etwa Trunkenheit im groben Sinne. Und wer hat das mehr gepriesen als Rabelais? In einem meiner Bücher gibt es ein herrliches Zitat von Arthur Machen, dem walisischen Schriftsteller. Er spricht von Rabelais' Obszönität, von seiner endlosen Aneinanderreihung obszöner Worte und sagt in etwa dazu: ›Beachten Sie, daß dies keine gewöhnliche Aneinanderreihung ist. Das ist etwas Anomales. Das ist etwas Außergewöhnliches, etwas Verdichtetes; es hat eine über all das hinausgehende Bedeutung.‹

Es gibt in der westlichen Welt keine zwei so verschiedenen Gesellschaften wie die von New York und Paris um 1850, und doch fand Baudelaire eine Entsprechung im Werk und in der Persönlichkeit von Edgar Allen Poe. In gewisser Weise waren sie beide Ausgestoßene. Poe besaß einen ziemlich schlechten Ruf. Baudelaire einen noch schlechteren. Den hat er sich selber geschaffen. Er hat auf die Gesellschaft gespuckt. Das findet

Meistens sind Toiletten der langweiligste Ort im ganzen Haus. Nicht so bei Millers. Oft verbringen meine Besucher mehr als die übliche Zeit auf der Toilette. Es gibt alles an den Wänden – von Fakiren und Weisen bis zu Huris und Huren. Auch ich sitze hier gerne und betrachte mein Werk.

Das ist die Wand direkt über dem Klobecken in meiner eigenen Toilette. Aufgrund der verschiedenen Stellungen, die Männer und Frauen beim Wasserlassen einnehmen, haben Männer mehr Gelegenheit, sich diese Photomontage zu betrachten.

man häufig, diese Übereinstimmungen zwischen anscheinend verschiedenartigen Orten, verschiedenartigen Menschen.

In meinem Buch über Rimbaud gibt es so eine Art surrealistischen Schluß. Um diese zwei oder drei Seiten zu schreiben, habe ich alle möglichen Bücher nach Daten und Namen und Titeln gewälzt. Es ging mir darum aufzuzeigen, daß die gegen Ende des neunzehnten Jahrhunderts führenden Künstler alle tragische Gestalten waren. Das neunzehnte Jahrhundert war, wie Sie wissen, ein Jahrhundert des materiellen Fortschritts, der sogenannten Aufklärung, des Rationalismus usw. Doch waren die Künstler dieser Zeit gegen diese Dinge. Sie wurden alle verfolgt. Viele sind eines frühen, eines schrecklichen Todes gestorben. Nietzsche endet in einer Irrenanstalt. Van Gogh und Rimbaud sterben im Abstand eines Jahres im Alter von vierunddreißig Jahren.

Ich spreche von den gequälten Geistern, weil sie es waren, die ›Geist‹ reflektierten. Es war der Geist, der in jenem Jahrhundert gefoltert wurde. Und die Betroffenen mußten dafür büßen, daß sie versucht hatten, uns etwas Lebenswichtiges zu bewahren. Zum Beispiel Blake. Er kam vom achtzehnten ins neunzehnte Jahrhundert. Eine große, eine prophetische Gestalt, eine zweideutige Gestalt. Dann haben wir Nietzsche. Dann einen Wahnsinnigen wie Strindberg. Welch eine Revolte! Welch eine Abrechnung mit der Gesellschaft! Diese Gestalten machen den Zerfall der modernen Welt sichtbar. Ihre Dilemmas sind miese kleine Dilemmas. Männer wie Blake, Ibsen, Nietzsche – sie führen in ihrem Werk die eigentliche Tragödie des modernen Menschen vor Augen. Sie haben sie vorhergesehen.

Der Mensch des neunzehnten Jahrhunderts begann eine nach meiner Geschichtsauffassung nie gekannte Einsamkeit zu fühlen. Er fühlt sie jetzt seit einem Jahrhundert, und er wird immer einsamer, immer zerstückelter. Er wird in tausend Fetzen gerissen. Er lebt in einer Welt, die ihm keine Orientierungsmöglichkeiten bietet. Er ist wie nie zuvor auf sich gestellt, besaß er doch in der Vergangenheit Tradition und Konvention. Heute ist nichts in Sicht: keine großen Führer, kein Moses, der uns aus der Wüste führen könnte. Jetzt ist es dem Menschen überlassen, sich selbst zu retten. Er hat von niemandem Hilfe zu erwarten. Das ist das Hoffnungslose und die Hoffnung unserer Zeit. Der Mensch muß sich als etwas mehr denn ein menschliches Wesen sehen, sonst wird er zugrunde gehen.

Man hat gesagt, daß wir nie wieder einen Erlöser haben werden. Es hat genug Erlöser gegeben. Sie alle haben dem Menschen den Weg gezeigt. Jetzt muß der Mensch sich selber retten. Letzten Endes ist das gut so. Der Mensch von heute befindet sich insofern in einer tragischen Lage, als diese schwer mit Gut und Böse belastet ist. Da ist ein Risiko, eine Herausforderung. Leb oder stirb. Lebe deine Möglichkeiten aus! Die religiöse Geschichte der Welt war die eines Mannes, der mit Krücken lebt. Jetzt werfen wir diese Krücken weg. Jetzt haben wir die Wahl, Gott zu akzeptieren oder abzulehnen.

Im westlichen Denken ist etwas immer gut oder böse. Die hinduistische Metaphysik geht darüber hinaus, und das ist die einzige Lösung – Konflikte zu transzendieren, eine Sache, eine Idee nicht als richtig und die andere als falsch anzusehen. Man muß einen Standpunkt einnehmen, der beides umfaßt. Das ist fast eine göttliche Haltung, da Gott ja Menschen und Ereignisse unparteiisch betrachten soll. Du bist morgen tot; dies oder das geschieht. Gott kümmert sich nicht um dich. Es heißt, Er nimmt sich des Sperlings an. Für mich ist das alles große Scheiße. Soviel wir wissen, hat Gott sich nie um jemanden gekümmert. Wir haben uns um uns selber gekümmert und den Karren in den Dreck gefahren. Wenn wir also von Schizophrenie sprechen, so glaube ich nicht, daß wir jetzt eine schlechte Zeit durchmachen und eines fernen Tages alles anders wird. Das glaube ich ganz und gar nicht. Ich glaube, daß die einzige Lösung für den *homo sapiens* darin besteht auszusterben. Eine andere Art von Mensch muß in Erscheinung treten. Und der muß ein anderes Bewußtsein besitzen. Unsere Probleme wird er nicht haben. Er wird andere haben. Er wird nicht das haben, was ich armselige, miese Probleme nenne. Die erbärmlichsten Probleme sind für

Dieser unbekannte chinesische Weise hat eine wichtige Rolle in meinem Gedankenleben gespielt. Jeden Morgen, wenn ich aufwache, begrüßt und inspiriert mich sein Gesicht. Diese Aufnahme hat Red Skelton gemacht, als er mich in Big Sur besuchte.

mich Hunger, Krieg und Ungerechtigkeit. Das sind Probleme, die wir schon vor Äonen hätten lösen müssen. Jeder intelligente, sensible Mensch weiß, daß das nicht mehr unsere eigentlichen Probleme sind.

Nehmen Sie einen Mann wie Krischnamurti, den ich mir neulich abend wieder angehört habe. Jemand warf die Frage nach Brot für Indien auf, und er erwiderte, daß damit zwar einigen geholfen wäre, das eigentliche Problem aber längst nicht gelöst sei. Er ist einer der wenigen in dieser Welt, der einem nicht vorschreibt, wie man den-

ken soll. Er sagt: ›Macht die Augen auf, erweitert euer Bewußtsein!‹ Er sagt nicht, geht in diese oder jene Kirche, glaubt an dies oder jenes. Er sagt, im Grunde seien alle Religionen gleich. Sie bieten eine Fluchtmöglichkeit, keine Lösung.
Mir ist aufgefallen, daß Literatur und Philosophie mehr denn je vom Osten beeinflußt werden. Mit achtzehn habe ich mich für chinesische Philosophie interessiert, später dann für die indische, aber Krischnamurti läßt das alles nicht gelten. Ich glaube auch, daß Philosophie noch nie jemandem etwas genützt hat. Etwas anderes ist es mit der Metaphysik. Das ist ein Spiel, das der Mensch spielt. Er hat einen Verstand; und den muß er benutzen. Die Metaphysik bietet Unterhaltung, aber nicht mehr. Sie hält den Menschen nicht am Leben. Über den Tod befragt, sagt Krischnamurti: ›Wer soll das wissen?‹ Das ist so wahr. Niemand weiß etwas darüber. Warum sich deswegen beunruhigen? Hauptsache, man fürchtet sich nicht. In gewisser Hinsicht haben die Wissenschaftler da etwas voraus. Auch sie befassen sich mit dem Unbekannten, aber anders als religiöse Menschen beunruhigen sie sich nicht. Sie stellen sich ihre Fragen selbst, und sie fragen nach dem Unbekannten. Aber sie gehen unparteiisch an die Arbeit. Und doch glaube ich, daß der Mensch sich ständig mit dem Problem des Lebens und des Todes auseinandersetzen sollte. Er sollte sich all das zu Herzen nehmen und sich damit herumschlagen, bis ihm die Augen aufgehen. Dann verschwinden diese Probleme, versinken im Unterbewußtsein.
Die Situation des Schriftstellers hat sich seit der Zeit, als ich in Paris schrieb, insofern geändert, als er heutzutage leichter zu Geld kommt und schneller verlegt wird. Aber was sind das für Verleger, und was ist das für eine Literatur? Sie nehmen nicht das Beste. Das ist keine Lösung für die wirklich Schöpferischen. Die haben es immer schwer, weil sie ihrer Zeit voraus sind. Sie werden immer die Letzten sein, bis wir eine völlig andere Gesellschaftsform entwickelt haben, eine, die den Künstler als das anerkennt, was er wirklich ist, ein Führer und Heiler. Aber den Tag sehe ich noch nicht kommen.
Man hat mir gesagt, daß ich, damals in Paris, das Leben so kennengelernt habe, weil ich vollkommen pleite war. Aber das stimmt nicht. Ein Bohemien braucht noch lange nicht auf der Straße zu liegen. Ich habe mir das Pennerdasein aber selber ausgesucht, was etwas ganz anderes ist. Es hatte fast etwas Romantisches.
Ich liebe einen Spruch, den ich vor einiger Zeit entdeckt und jetzt in einem Buch von Alan Watts

wiedergefunden habe. Er stammt von Gautama Buddha und lautet: ›Mit der vollständigen letzten Erweckung habe ich nicht das geringste gewonnen, und aus eben diesem Grunde spricht man von vollständiger letzter Erweckung.‹

Ich bin ein Filmnarr. Ein Büchernarr bin ich auch, aber Filme und Bücher haben nicht dieselbe Wirkung. Der Film befriedigt etwas in mir, das Bücher nicht befriedigen können, nämlich das Auge. Dafür bleibt ein Film nicht bei mir wie ein Buch, und ich glaube, das ist einer der wesentlichen Unterschiede. Ein Buch ist etwas ganz Substantielles, man lebt damit, und es nährt den Geist. Ein Film, wenn er gut ist, vermittelt einem ein paar wundervolle Augenblicke und verblaßt dann. Man kann sich natürlich an bestimmte Stellen erinnern, aber er geht einem nicht tagelang nach, nicht einmal der beste Film, während man ein Buch nicht abschütteln kann. Tage- und wochenlang durchlebt man es immer wieder, und es kommt immer wieder zu einem zurück. Es hinterläßt einen bleibenden Eindruck (wenn es ein gutes Buch ist). Das tun Filme bei mir nicht. Dafür prägen sich einem aber bestimmte Gestalten ins Gedächtnis, die man dann immer wieder auferstehen lassen kann. Bei einem Buch weiß man nie, wie eine bestimmte Gestalt aussieht. Man muß sie sich vorstellen.

Der Film vermittelt einen ausgesprochen starken Eindruck. Mich befriedigt er mehr als das Theater. Früher bin ich viel ins Theater gegangen. Heute gehe ich kaum noch. Ein mäßiges Stück kann ich nicht ertragen. Einen schlechten Film kann ich manchmal über mich ergehen lassen, weil etwas geschieht. Tatsächlich geschieht alles mögliche auf einmal. Es ist nicht die Story, die mich fesselt. Da ist Farbe und Bewegung. Aktion. Und dann erkenne ich Typen wieder, die mir sehr vertraut sind. Einige sind anziehend, andere schrecklich, aber erinnernswert. Man beobachtet lebendige Menschen, und sie werden in mancher Hinsicht realer, vertrauter als die Gestalten eines Buches. Ich kann an Filme zurückdenken, die ich vor dreißig oder vierzig Jahren gesehen hab, und mich immer noch an bestimmte Personen erinnern und sie mir vor Augen rufen. Die

Gestalten eines Buches stelle ich mir nie wirklich vor.

Ich glaube, daß die Zeit des Druckens und Lesens bald zu Ende gehen wird und durch etwas anderes ersetzt werden muß. Aber da ich Schriftsteller bin und Worte mir so viel bedeuten, kann ich mir schwer vorstellen, was an die Stelle von Büchern treten wird. Bücher haben etwas, das kein Film einem geben kann: die Assoziationen, die von Worten heraufbeschworen werden, Gedanken, die dazu herausfordern, sie weiterzuentwickeln und so weiter. Filme können so etwas nie erreichen. Dazu ist der Film zu real, zu konkret. Was wir an Büchern lieben, ist das Verästelte, die Phantasie, die Komplexität, und dafür hat der Film keine Zeit. Der Film muß deutlich sein. Wonach wir uns sehnen, ist eine Art Verschwommenheit, die Aura des Nichtgreifbaren. Der Film behandelt das Greifbare. Er kann das andere mitschwingen lassen, aber meiner Ansicht nach nicht sehr gelungen. Ich finde jedoch, daß wir sehr gut auf einen Großteil der Bücher, die heute veröffentlicht werden, verzichten könnten – sie sind nicht wichtig, sie geben uns nichts. Das mag auch für die meisten Filme gelten, aber wenn man zu wählen hätte, würde ich sagen, sieh dir lieber

Programmheft der Oper nach ›Das Lächeln am Fuße der Leiter‹, die 1965 an der Hamburger Staatsoper uraufgeführt wurde. Der Komponist war ein Italiener namens Antonio Bibalo, den ich in Dänemark kennenlernte. Die Oper wurde später auf französisch und italienisch in Marseilles und Triest gegeben.

einen guten Film an, als deine Zeit mit der zeitgenössischen Literatur zu verschwenden, von einigen Ausnahmen abgesehen.

Die Tragödie des Films ist, daß er größtenteils von der Literatur her kommt. Das ist es, was den Film verkrüppelt hat. Meiner Ansicht nach haben wir das Medium Film noch nicht weit genug entwickelt, seine Möglichkeiten nicht ausgeschöpft. So wie ich es sehe, steckt der Film noch im Anfangsstadium. Ich würde sagen – schmeißt das Drehbuch weg. Arbeitet ohne Drehbuch. Ich würde sagen, setzt euch mit den Schauspielern, dem Regisseur und den Kameraleuten zusammen, erklärt ihnen in groben Zügen, was sich tun soll, und fangt dann an zu drehen, zu improvisieren, die Story bei der Arbeit zu entwickeln, *wenn es eine Story geben muß*. Natürlich muß es nicht unbedingt eine Story geben. Und genau darauf will ich hinaus. Es kann dem Film nur zugute kommen, wenn er vollkommene Freiheit hat – wenn Phantasie, Träumereien und Träume und alle möglichen zusammenhanglosen Dinge hineinfließen. Es muß nicht immer einen Grund geben, warum etwas geschieht. Ich gebe zu, daß man sich darüber streiten kann, ob eine Handlung notwendig ist oder nicht. Ich bin für sowenig Form wie möglich, sowohl beim Film als auch in der Literatur. Aber ich weiß, daß das Formale ein wesentliches Element der Filmarbeit ist. Das wird mir immer bewußter.

Vor kurzem sah ich Fellinis *Satyricon*. Ich habe mir auch einige Interviews mit ihm angehört. Ich halte große Stücke auf ihn. Er spricht die Sprache eines schöpferischen Menschen. Das durchschnittliche Publikum reagiert mit einem Schock auf *Satyricon*. Er sagt: ›Worauf will er hinaus?‹ ›Was will er sagen?‹ ›Worum geht es denn überhaupt?‹ Ich sage, fragen Sie mich nicht. Ich weiß nur, daß ich jeden Augenblick genossen habe. Es ist mir scheißegal, was es zu bedeuten hat. Was ich gesehen habe, war herrlich. Alles war wundervoll – und warum präsentiert man nicht einfach so etwas, eine Reihe von wundervollen, interessanten Aufnahmen, die in sich selbst fesselnd sind? (Natürlich war *Satyricon* mehr als das.) Es ist auch möglich, eine großartige Story zu präsentieren, aber vielleicht ist das zuviel verlangt. Wie viele großartige Geschichten gibt es, wie viele großartige Romane, wie viele großartige Bilder? Und wie viele großartige Filme haben wir bisher gehabt?

Wir haben mittlerweile eine gewisse Reife erlangt. Wenn wir uns selbst gegenüber ehrlich sind, müssen wir zugeben, daß wir, wenn wir in ein Museum gehen, nur sehr wenige großartige Bilder finden, die noch unser ganzes Interesse wecken. Neunzig Prozent von dem, was da hängt, ist einfach Scheiße. Diese pietätvolle Aufbewahrung großer Kunstwerke hatte vielleicht früher einmal ihre Berechtigung, aber heute nicht mehr. Ich sage – wie wirkt das jetzt auf dich? Hast du heute irgendeine Beziehung dazu? Es ist wie mit diesen alten Filmen, einige davon waren zu ihrer Zeit große Klasse – und wenn man sie heute sieht, muß man sagen – was war ich bloß für ein Idiot, daß mir dieser Film gefallen hat?

Am Anfang tat ich mich schwer. Ich sagte, ich werde die Wahrheit schreiben, so wahr mit Gott helfe. Und das glaubte ich zu tun. Dann merkte ich, dasz ich es nicht konnte. Niemand kann die absolute Wahrheit schreiben.

SCHREIBEN

Ich gehöre zu den Schriftstellern, die erst Jahre später über etwas schreiben können. Das meiste, was ich geschrieben habe, ist erst zwanzig Jahre nach den Ereignissen aus mir herausgekommen. Ein oder zwei Bücher sind im Augenblick entstanden, wie der *Wendekreis des Krebses* und der *Koloß von Maroussi.* Aber meistens gehe ich zurück. Ich habe Ihnen einmal erzählt, daß ich eine ganze Nacht zwölf oder vierzehn Stunden lang ohne Unterbrechung Notizen gemacht habe. Dieses eine Notizbuch war die Grundlage all meiner autobiographischen Werke. Aber wenn ich mich dann hinsetze, um zu schreiben – ich spreche jetzt von den Hauptwerken – werfe ich nur einen kurzen Blick auf die Notizen.
Bei mir kommt es hauptsächlich darauf an, daß ich eingestimmt oder eingestellt, geistig und seelisch in Form bin. Wenn etwas 'rauskommt, sollte es wie Wasser aus dem Hahn 'rauskommen. Je länger ich das Material mit mir herumtrage, desto mehr veredelt und verdichtet es sich.
Wann fängt man an? Wie fängt man an? Für die meisten, für jeden, ist es frustrierend, das leere Blatt anzusehen. Oder auf eine leere Leinwand zu starren. Ich habe einen Trick gefunden, den die Surrealisten entdeckt haben, und der besteht einfach darin, daß man hinschreibt, was einem in den Sinn kommt – Unsinn, ohne Kommas, ohne Punkte, ohne irgendeinen Aufbau, bis daß, was man sagen wollte, langsam 'rauskommt. Dann streicht man den ganzen vorausgehenden Ausschuß. Ich mache weiter, bis ich müde werde oder bis ich mein Thema erschöpft habe. Aber ich arbeite nie bis zur völligen geistigen Erschöpfung. Ich habe einmal eine Lektion gelernt. Ich schrieb an einem Tag fünfundvierzig Seiten und brach dann zusammen. Also versuche ich immer, frisch zu bleiben. Das ist wie bei einem Wasserreservoir – man leert es nie ganz – es dauert zu lange, es wieder aufzufüllen. Hemingway hat das, glaube ich, gesagt, aber Hemingway war auch einer, der an seinem Schreibtisch gefront und meiner Ansicht nach nicht allzuviel zustande gebracht hat. Ich schöpfe sozusagen den Überschuß ab, und dann habe ich am nächsten Tag etwas, um weiterzumachen. Das war im allgemeinen meine Methode zu schreiben. Natürlich schweife ich oft ab. Ich habe vor, über etwas Bestimmtes zu schreiben, und plötzlich stoße ich auf ein anderes Thema und klemme mich dahinter. Aber die Hauptsache ist, daß die Sache im Fluß bleibt, daß der Strom nicht versiegt.
Ich denke nicht wie andere Schriftsteller. Bestimmt geht ein Drehbuchautor ganz anders vor als ich. Er muß an viele verschiedene Dinge denken, damit das Ganze stimmt. Mir ist es egal, ob ich am Ziel vorbeischieße oder nicht. Ich schreibe, das ist das Wichtige. Nicht, *was* ich, sondern daß ich geschrieben habe. Weil das mein Leben ist, zu schreiben. Am wichtigsten ist der Akt selbst. *Was* ich sage, ist nicht so wichtig. Oft ist es töricht, unsinnig, widersprüchlich – das stört mich überhaupt nicht. Hat es mir Spaß gemacht? Habe ich aufgedeckt, was in mir war? Darum geht es. Und natürlich weiß ich nicht, was in mir ist. Das ist das wirklich Wichtige. Der Unterschied zwischen mir und anderen Schriftstel-

Property of
Henry V. Miller
4, Ave. Anatole France
Clichy (Seine) - France.

"Tropic of ~~Capricorn~~ Cancer"

by

Anonymous

lern besteht darin, daß es anderen Schriftstellern darauf ankommt, zu Papier zu bringen, was sie hier oben im Kopf haben. Mir kommt es darauf an, das heraufzuholen, was da unten, in der Magengrube, in den unteren Regionen ist.
Mein Pariser Freund Alfred Perlès hatte seine eigene einzigartige Methode. Er legte seine Uhr auf den Schreibtisch und sagte: ›Ich werde eine Dreiviertelstunde schreiben.‹ Wenn die Dreiviertelstunde um war, hörte er auf, selbst wenn er mitten im Satz war. Er hatte sein Tagespensum hinter sich. Ich habe das auch gemacht, mitten in einem Abschnitt aufgehört. Viele Schriftsteller würden sich deswegen beunruhigen und denken: ›Wie soll ich morgen wieder zu diesem Gedanken zurückfinden?‹ Darum mache ich mir nie Sorgen, weil ich glaube, daß nichts verlorengeht. Man muß nur den Faden wiederfinden. Vielleicht fängt man nicht bei diesem Abschnitt an, vielleicht fängt man woanders an, aber schließlich wird einem das, was einem im Kopf herumging, während des Schreibens wieder einfallen. Und wenn nicht an dem Tag, dann am nächsten. Und wenn nicht am nächsten Tag, dann mitten in der Nacht. Ich mache mir nie Sorgen darum, daß etwas verlorengehen könnte. Nichts geht auf ewig verloren, am wenigsten Gedanken.
Proust hat die Tatsache herausgestrichen, daß er, wenn er etwas in der Erinnerung nachvollziehe, alles sogar noch intensiver erfahre als in dem Augenblick, da er es tatsächlich durchgemacht habe. Ich finde das sehr wahr. Ich weiß nicht, warum das so ist, vielleicht, weil man beim Schreiben außerordentlich bewußt und klar, weil man ganz wach und konzentriert ist. Man empfindet stärker, alles geht viel tiefer. Natürlich kann es vorkommen, daß man ein wenig lügt. Wenn man einen bestimmten Augenblick heraufbeschwört, so erfährt er gewisse Veränderungen. Es ist einem selber überlassen, was man damit macht, und es kommt nicht so sehr darauf an, ein Geschehen genau wiederzugeben, als das Milieu, die Atmosphäre herauszuarbeiten. Ich würde sagen, daß es fast unmöglich ist, etwas genauso wiederzugeben, wie es war, aber man kann es wieder aufleben lassen.
Es bereitet mir einen sinnlichen Genuß, eine Erfahrung noch einmal zu durchleben – vielleicht sogar einen gesteigerten Genuß. Die Erfahrung erscheint verstärkt. Man spielt ein doppeltes Spiel. Wenn man etwas tut, ist man sich dessen sozusagen nicht bewußt. Man sieht dabei nicht in den Spiegel. Wenn man dann darüber schreibt, ist es, als ob man sich im Spiegel betrachtet und zusieht, wie man alles noch einmal tut. Man beugt sich über sich selbst. Während des Schreibens beobachtet man sich beim Handeln. Und diesmal *durchschaut* man sich. Das ist der Unterschied zwischen bewußtem und unbewußtem Handeln. Ich habe eben gesagt, daß der Genuß, der sinnliche Genuß gesteigert ist, wenn man eine Erfahrung nachvollzieht. Das kommt daher, daß die

Dies ist die erste Seite des Originalmanuskripts vom ›Wendekreis des Krebses‹, so wie ich sie geschrieben und korrigiert habe. Vom Paris des Jahres 1932 bis zu den Special Collections in der Bibliothek der University of California in Los Angeles hat sie einen langen Weg hinter sich.

I am living in the Villa Seurat, the guest of Michael Fraenkel. There is not a crumb of dirt anywhere, nor a chair misplaced. We are all alone here and we are dead.

~~Not~~ Last night Michael discovered that he was lousy. I had to shave his arm-pits and even then the itching did not stop. How can one get lousy in a beautiful place like this? But no matter. ~~We had a wonderful conversation later.~~ We might never have known each other so intimately had it not been for the lice.

Michael has just given me a brief summary of his philosophy. He is ~~a meteorologist~~ a weather prophet. The weather will continue bad, he says. There will be more calamities, more death, more despair. ~~There is~~ Not the slightest indication of a change anywhere. The cancer of time is eating us away. Our heroes have killed themselves or are killing themselves. The hero, then is not Time, ~~as he was for Proust,~~ but Timelessness. The ~~book of the day is "Werther's Younger Brother." Everything else is false, of no value, a bad accent, a borken rhythm.~~ We must get in step, a lock-step, toward the prison of death. There is no escape. The weather will not change.

ursprüngliche Situation nicht von Worten begleitet war. Man hat sich nicht gesagt: ›Oh, wie herrlich der Nebel ist, seine Berührung auf meiner Wange.‹ Man hat all das *gefühlt,* aber nicht ausgesprochen. Wenn man es nun *ausspricht,* kommt etwas hinzu.
Worte und der Gebrauch von Worten wecken eine Empfindung, die einer körperlichen Empfindung vergleichbar sein mag. Ganz eindeutig. Worte sind völlig verschieden von anderen Medien. Ich habe große Ehrfurcht vor dem Wort, weil dahinter etwas steckt, das ich Magie nenne. Die Entstehung des Wortes ist etwas absolut Mysteriöses. Wir wissen nichts über die Ursprünge der Sprache. Der Mensch konnte nie erklären, wie er sprechen lernte. Man will uns weismachen, daß er zuerst wie ein Tier bellte und dies und jenes, aber das glaube ich nicht. Ich meine, dahinter steckt etwas viel Geheimnisvolleres und Magisches. Und wenn man als nichtbewußter Künstler und schöpferischer Mensch Worte benutzt, ist man sich dessen immer bewußt. Übrigens können Worte eine Handlung, einen Gedanken nach sich ziehen anstatt umgekehrt.

Nun liegt all das natürlich – das Gefühl und die sinnliche Empfindung – in der Beschreibung, dem Gebrauch von ausmalenden Adjektiven und Adverbien. Und da gibt es etwas Merkwürdiges – ein Schriftsteller beschreibt das, worum es ihm gerade geht, ganz akkurat, und man empfindet beim Lesen überhaupt nichts. Man langweilt sich, man könnte einschlafen. Ein anderer verwendet, wie soll ich sagen, Metaphern. Er setzt nichts auseinander, er spezifiziert nichts. Und da zeigt sich wieder das Magische der Worte, des Wortgebrauchs. Es geht nicht um die Worte selbst, sondern wie sie nebeneinandergestellt sind, und darin offenbart sich der schöpferische Künstler. *Welche* Worte er zusammenstellt und *wie* er sie zusammenstellt, was sie *heraufbeschwören* und nicht, was sie *sagen.* Das ist die ganze Kunst des Schreibens.
Die Zufriedenheit des Schriftstellers, mehr als die des Lesers, ist abermals eine individuelle Angelegenheit. Ich bin sicher, daß das Schreiben manchen Schriftstellern eine Qual ist. Andere – dazu gehöre auch ich – genießen es. Ich genieße es, wie es da aus mir herausströmt. Ich sage: ›Wenn Soundso mich jetzt bloß sehen könnte, verfolgen könnte, wie das hier aus der Schreibmaschine herauskommt, er würde seine Freude daran haben.‹ Aber das ist bei jedem verschieden. Einige schreiben Zeile um Zeile, hören auf, streichen, nehmen das Blatt aus der Maschine und zerreißen es und so weiter. Ich arbeite nicht so. Ich mache einfach immer weiter. Wenn ich dann mein Pensum erfüllt habe, lege ich das Ganze sozusagen auf Eis. Ich will es ein oder zwei Monate lang, je länger, desto besser, nicht sehen. Dann erwartet mich ein anderes Vergnügen, eines, das genauso groß ist wie das Vergnügen zu

Noch eine korrigierte Seite aus dem ›Wendekreis des Krebses‹. Dies ist eine jener Seiten, die lüsterne Geister sich nie entgehen lassen.

in her valise. Immense, avec les choses inouies. Rona now, she had a cunt. I know it because she sent us some hairs from down there. Rona, Rona... a wild ass snuffing pleasure out of the wind. On every high hill she played the harlot, and sometimes in ~~telegraph~~ telephone booths and toilets. She bought a bed for King Fredl and a shaving mug. She lay in Tottenham Court Road with her dress pulled up and fingered herself. She used candles, Roman candles, and door knobs. ~~There was~~ Not a prick in the land big enough for her, not one. Men went inside her and curled up. She wanted extension pricks, self-exploding rockets, hot boiling oil made of wax and creasote. She would cut off your prick and keep it inside her forever, if you let her. ~~She was~~ One cunt out of a million, Rona! A laboratory cunt and no litmus paper that could take her color. She was a liar, too, this Rona. She never bought the bed for King Fredl. She ~~gave~~ crowned him with a whisky bottle ~~for a crown~~ and her ~~farts were~~ tongue was full of lice and ~~promises~~ to-morrow. Poor Fredl, he could only ~~[illegible]~~ curl up inside her and die. She had only to draw ~~her~~ a breath and he ~~was~~ fell out of her. Enormous fat letters, avec les choses inouies. A valise without straps. A hole without a key. And she spoke German, too. She had a German mouth, French ears, Russian ass. ~~Her~~ Cunt ~~was~~ international. When the flag waved it was red all the way back to the throat. You entered on the Boulevard Jules Ferry and came out at Porte de la Villette. You dropped your sweetbreads into the tumbrils. Red tumbrils with two wheels. At the confluence of the Ourcq and the Marne, where the water sluices through the dykes and lays like glass under the birdges. Rona is lying there now and the canal is full of glass and splinters, the mimosas weep

schreiben. Ich nenne das, ›mit der Axt rangehen‹, das heißt, ein Stück rigoros zu streichen. Man hat Abstand, Überlegenheit gewonnen. Man sieht es mit völlig neuen Augen. Und man findet Vergnügen daran, selbst einige der aufregendsten Passagen zu streichen, weil sie nicht passen, weil etwas nicht stimmt, nicht klingt. Es mag herrlich gewe-

sen sein, sie zu schreiben, aber als Kritiker sieht man sie in einem anderen Licht. Ich genieße diese Schlächterarbeit wirklich. Sie werden es vielleicht nicht glauben, aber es stimmt.

Es heißt, Hemingway habe seine Arbeit am nächsten Tag korrigiert. Und Thomas Mann korrigierte seine sogar noch am selben Tag. Ich habe gehört, daß er pro Tag eine Seite schrieb und korrigierte. Auf diese Weise hat er ein ansehnliches Werk geschaffen. Jeden Tag hat er regelmäßig eine Seite geschrieben. Mein Gott, in 365 Tagen hat man ein Buch zusammen! Ich finde das sehr, sehr schwer. Oder besser gesagt, unmöglich. Aber da haben wir es wieder – wer weiß, wie jeder einzelne konstruiert ist, wie sein Mechanismus funktioniert? Jeder Mensch ist einzigartig.

Lektoren sind mir ein Greuel. Ich habe es niemals zugelassen, daß irgendein Lektor irgend etwas an meiner Arbeit veränderte. (Die meisten Lektoren sind verhinderte Schriftsteller.) Ich stimme mit ihren Ansichten nicht überein, und ich will sie nicht hören. Ich will nichts anderes als das, was *ich* geschrieben habe, ob es jetzt gut oder schlecht ist. Ich will keine Verbesserungen von jemand anders. Wie ich höre, kommt es heutzutage zum Beispiel vor, daß die Arbeit eines jungen Schriftstellers einem Lektor zwar gefällt, er aber darauf besteht, daß Änderungen vorgenommen werden. Also geht das Manuskript an einen Bearbeiter, der es umschreibt. Wenn das Buch erscheint, wessen Buch ist es dann?

Das habe ich nur in Amerika erlebt. In Europa hat kein Lektor es jemals gewagt, so etwas zu tun oder vorzuschlagen. Aber hier begegne ich dem ständig. Am schlimmsten sind die Zeitschriftenredakteure. Sie sagen: ›Glauben Sie nicht, daß dieser Abschnitt besser hier anstatt da wäre?‹ Und ich sage: ›Nein, das glaube ich nicht. Entweder Sie drucken es so oder gar nicht.‹ Europäische Autoren werden mit solchen Albernheiten nicht belästigt. Wir haben hier einen Perfektionsfimmel, aber Perfektion im Hinblick auf den Absatz. Sie wollen es dem Durchschnittsleser recht machen. Sie glauben, sie wüßten, was die Leute wollen. Ich glaube, sie können ihren Arsch nicht von ihrem Ellbogen unterscheiden.

Einige Leser und Kritiker behaupten, daß zwischen mir als Schriftsteller und mir als Person ein Widerspruch besteht. Aber sie haben mich nie als Mensch kennengelernt. Ich glaube, daß ich mich in meinen Büchern ziemlich genau beschreibe. Da ist das sinnliche Ich, das philosophische Ich, das religiöse Ich, das ästhetische Ich. Ich sehe mich gerne als einen Menschen, der viele Seiten

Eine korrigierte Seite aus dem Originalmanuskript vom ›Wendekreis des Krebses‹.

that he leaves this esoteric world and adopts the pragmatism of William James & Co.

The other night Van Norden was in his spiritual mood, again. His Georgia Danish cunt had been sleeping with him again. Why did he take her back? Out of pity, it seems. He laughs softly and then he says: "Did you ever sleep with a woman who had her hair shaved off? It's funny, isn't it? Sort of mad-like. She made me so curious that I got up and turned my flashlight on it. And what's there? The more I examined it, the more philosophical I got. Just a crack, I says to myself--two thin pieces of meat--and that's what we burn ourselves up about! They're all alike. That's what makes it funnier. Just a crack that you stick your penis into. And the rest is illusion, lies, imagination. I looked at it a long while. I made her take her two fingers and open it wide ...you know the funny little dewlaps? Jesus, I had to laugh. Nothing...nothing. You expect maybe that you're going to discover something. But there's nothing...nothing. It would be cute if there was a harmonica inside, or a calendar. But all that mystery--and then nothing...nothing. It drives me wild to think about it. I think it's the hair that makes it mysterious." Listen, I got so disgusted that I turned my back on her and read a book. You can get something out of a book, even out of the worst book...."

IDEAS

Obsession for philosophy + religio.
Grappling with life-work
Disgust + contempt for parents + rela[tives]
Glamour of Sex
Dislike for alcohol
Hatred for clergy + reformers
Romanticism concerning Cora
Effects of Pauline's age on my love
Strong friendships - Dewar, Wright, [illegible]
Dewar's strange influence - for evi[l]
Desires for purity and scholarship
Puny gropings as literary artist
Complete absorption in books
Effects of first great music - Pach.
Idealization of desert life - Arizona
The body beautiful - physical culture
Morbid sensitiveness - suicide mania
Railings against parenthood
Objections to educational trends
Effects of Bergson's philosophy
Hatred for industrial life - ugliness
Ideas of self-sacrifice for lotto cause
Terrific results of loving Cora
Chivalric sacrifice for Pauline

CHARACTERS

Challacombe
Dewar
Schneider
Einstein
Stanley
Wright
O'Regan
Tom Ogden
Father
Jack Lawton
Tillotson
Berg
Hartman
Tomajiro Asai
Frank Reilly
Wardrop
Burger
Grinder
Steve Hill
Charles Tisch
Jim Thornton
Poindexter
L'Estrange
Platé
Lou Jacobs
Lionel Allyn
Stockham
Ed. Perry
Urbanski
Hubert Harrison
Churchill Morton
Harry Martin
George Wilson
Charlie Sullivan
Baron de Planta
Geo. Rammelkamp
Chas. Baxter
H.W. + Albert [illegible]
Fred Chase
Major Carew
Bernhard [illegible]

Cora Seward
Louise Ashley
Frances Hunter
Helen Sullivan
Edna Booth
Ida Lane
Aunt Emilie
Anna Wagenschut
Florence Martin
Miss Carpenter
Louise Carmen
Lottie Jacobs
Norma Burger
Mrs. A. C. Burger
Gertrude Imhof
Jennie Main
Lillian Tisch

males - (Cont.)

Baron de Planta
Jimmy Pasta
Benjamin Fay Mill[s]
George Rammelkam[p]
Karl Karsten
Paul Kerls

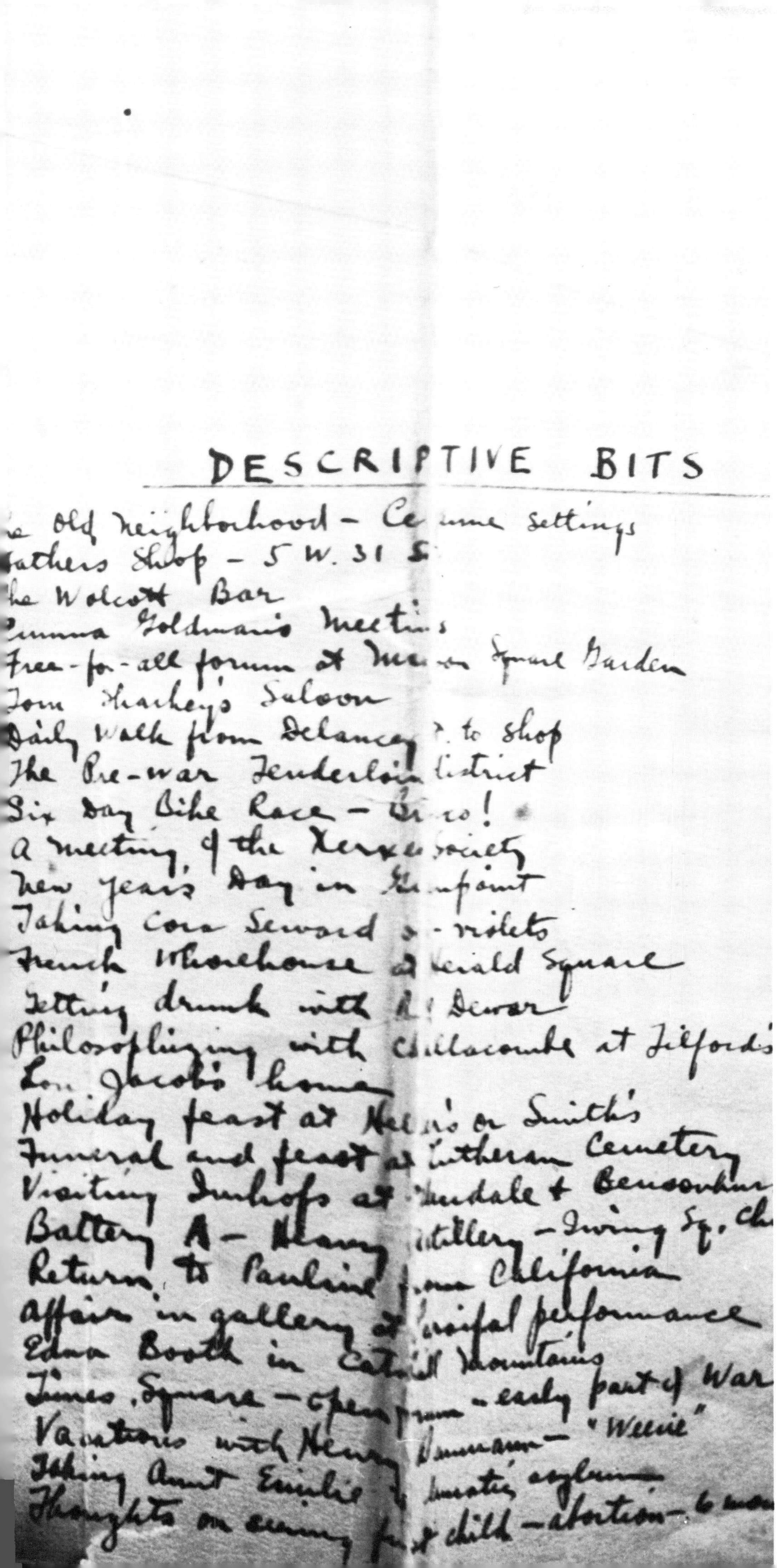
DESCRIPTIVE BITS

[Th]e Old Neighborhood – Ce[illegible] settings
[F]athers Shop – 5 W. 31 St
[T]he Wolcott Bar
[E]mma Goldman's meetings
Free-for-all forum at Madison Square Garden
Tom Sharkey's Saloon
Daily walk from Delancey St. to shop
The Pre-war Tenderloin District
Six Day Bike Race – B[illegible]ro!
A meeting of the Xerxes Society
New Year's Day in Greenpoint
Taking Cora Seward violets
French Whorehouse at Herald Square
Getting drunk with R. Dewar
Philosophizing with Challacombe at Tilford's
Lou Jacobs' home
Holiday feast at Hellen's or Smith's
Funeral and feast at Lutheran Cemetery
Visiting Imhofs at Glendale & Bensonhur[st]
Battery A – Heavy Artillery – Irving Sq. Ch[illegible]
Return to Pauline from California
Affair in gallery at Parsifal performance
Edna Booth in Catskill Mountains
Times Square – open forum – early part of War
Vacations with Henry [illegible] – "Weenie"
Taking Aunt Emilie to lunatic asylum
Thoughts on seeing first child – abortion – 6 mo[illegible]

Dies sind einige der Menschen, Vorstellungen und Episoden, die ich in meine ›Autobiographischen Romanzen‹ aufnehmen wollte. Das Unglaubliche ist, daß ich den größten Teil dieses Materials wirklich verarbeitet habe.

…here am
What am I doing

Sarlat - Book store (nostradamus)
Dordogne (St. Fonthene = nostradamus)
Saint Rémy - Salon (nostradamus)
… Roussillon { Banyuls / Collioure Perpignan / Perpignan }
Prades (Casals) - "The Canigou"
Vincent - fleas in church
Hamburg (Transvestists) (Scottish Consul + wife!)
Copenhagen - Bibalo in hospital with piano
Forte dei Marmi (Italian sculptor Marino Marini)
Viareggio - Matisse - yacht!
London - Perlès (Interview) (Oscar Wilde + Colin Wilson)
Ireland - Alf + wife
Dublin, Cork, Killarney, Limerick
Galway + Connamara (arizona)
Formentor - mallorca
Ping Pong with Carlo Levi
Jefferson City, Mo. (Penitentiary)
Paris - Reunion with Rattner, (James Jones & wife)
Brassai, Belmont etc.
Ionesco at Le Kesnet
Percha - Hildegard Neff
Tour Bavaria with actor (michel mininger)
{ + musician brother
Ludwig's Castles
Salzkammergut!
Jack Bilbo at his "Spielunke" (Berlin)
Grosz Exhibition - "
Copenhagen - first etchings!
Rochester, Minn. (Mayo Clinic / Insane Asylum) (murals in waiting halls)
Edinburgh Festival (the novel!)
Chicago - Chez Elmer Gertz
Rattner's stained glass window in Loop Synagogue
Ireland! (Vive les clochards!)
Children begging in rain - outside Lisbon
Wells, England - Surrealist facade of cathedral ("The Swans) - at 4th PM Punkt!
Hildegard Knef = Transvestite Saloon (Berlin)
(The client who wanted to protect her!)
chez Pierre Lesdain - with Eve, Eliz, Louise
Woluwe - St. Lambert (Brussels)
The Beech tree forest leading to "The admirable Ruysbroeck"
Monastery - the great mystic
Bruges - The Dead City (for Poets)
Amsterdam - Hotel with Val, Tony, + Gerald R. Playacting at table!
The Mystic Lamb of Van Eyck at Ghent (Belgium)
The town where Eleanora Duse was born!
Small French town - où suis-je? (Still about India)

Glendale, L.I. [illegible]
Fallsburgh, N.Y. (Blind Mr. Walker)
Blue Point, L.I. (Swartswood Lake, N.J.)
Bike Races - Jamaica Turnpike
Lake Pocotopaug - Connecticut
Imperial City, Calif. (Loss of identity)
San Diego - Emma Goldman = Nietzsche! (anti-Christ)
Dragor (Poet Laureate)
Sète (Paul Valéry's Tomb) - my dog's double! avec Ledig
Chaos (Gard) - John Bohn
Pont du Gard (Paul Morand)
Pont Saint Esprit (Roosevelt)
Toulouse* (Dream - Insanity) *dead writer and phone book
Elsinore (with Kids)
Die (Drôme) - Tony talking French
Sommières - Durrell (Dinner in tent)
Camargue (mosquitos)
Aigues-Mortes - Statue of Louis!
Uzès (Village idiots - French writers)
Cannes (the hotel - double mirror) (the crazy girls)
Montpellier - Temple + Delteil
Eze-sur-Mer (Nietzsche's double!)
La Ciotat - Michel Simon (his domestics) no water
Feltrinelli's crazy chateaux
Lucca (the women) + churches
Pisa (talking to tower all hours)
Simenon - chateau at Echandens (charlie chaplin)
Minden (Hannover) - father's ancestors
Bremen (mothers ")
Darmstadt (Keyserling - Ulentin meeting)
Reinbek - { Die Schmiede (Prof. of History of art)
Ein Ungebumbelte Füchsbiss
Rowohlt Verlag
Ping Pong chez
Lüneberg Heide (Planet Moon) } avec Ledig
Mölln (Til Eulenspiegel)
"Just Wild about Harry" (X'mas empty stomach (!))
East Berlin - Paris Dress Shop
Hildegard Knef - Berlin + Munich homes
David Cameron
Maulbronn - Hermann Hesse
Baden-Baden - Surrealistic
Florida (ditto)
Pensacola,
Liechtenstein (one street - ennui after 2 hours!) (the writer from Pakistan
Ouchy - Lausanne - Byron's Hotel
Vienna - with Emil + Vince (Brooklyn at worst
Lisbon - (the Fada - tutti frutti houses
Portuguese - run themselves down) = the crazy writer offering the world!
Lugano + Locarno (Paradise)
*Venice - near suicide!
*Verona - my town! (Caliger family)
Assisi - Delteil's St. Francis (bazaars as at Lourdes)
Republic of San Marino - Big Sur!
Biarritz - a bore - rain, rain, rain
The Basque Village nearby (unfriendly)
Valladolid - Salamanca (Cervantes)
San Sebastian - very alive!
St. [illegible] (Gascony) - the meal!

Never more [illegible]
Lhasa (never…
Mecca
Timbuctoo
Samarkand
Ispahan

Charleston, S.C. (Nimes)
Biloxi, Miss. - Live oaks (1 mile)
New Iberia, La. - Weeks Hall
Grand Canyon (still the best!)
Synagogues: (moses maimonides) { Prague / Toledo / Seville / Loop - Chicago
Verona and Cordova (my favorite towns) [illegible]
Wells (England) - the Surrealist facade of Cath… (The Swans - Punkt
The Vatican - Ugliest eve… (Fit of laughter) avec P…
Montagnola (Hermann Hes…
What city was it which was stronger in dream = remember than actuality ???
Les Baux (Les frères)
Chickamauga - Stanley Boro… Col. Felix G.
Café Boudon - Paris (Rue Fontaine = Algerian … Hon Gilotte)
El Greco's dining (Toledo) Room - and 5…
Corfu - the General's mistre…
Corfu - violating temple (…
Nice - The Negro bootblac…
Bowling Green, Va.
Caresse drunken deserter
Salvador Dali + Gala
Isère (Van Gogh billiard … introuvable 2ème fois!
Chimney Rock, N.C. and somewhere in Tennessee
2 best meals in U.S. - 75¢
The feast at La Pyramide (M. et Mme Point)
Tubingen - nobody knows

hat, und wenn man das im Gespräch mit mir nicht merkt, mag das an den Umständen liegen.
Wenn ich an meine Pariser Zeit und an die Unterhaltungen mit meinen besten Freunden zurückdenke, mein Gott, das klang damals völlig anders als heute. Ich kann mich auf ganz verschiedenen Ebenen unterhalten; meinetwegen wie ein ordinäres Schwein oder wie ein Engel.
Wenn ich mit der Hand schreibe, bin ich aufrichtiger. Weil ich von meinem ›literarischen‹ Ich wegkomme. Sobald ich an einer Schreibmaschine sitze, spannen meine Finger mich schon ein, verändern mich, bringen mich in das Fahrwasser des Schriftstellers. Wenn ich den Füllfederhalter zur Hand nehme, geht es ein wenig beschwerlicher, linkischer, unnatürlicher, also ist da auch nicht dieselbe Gewandtheit. Ich will Ihnen ein Beispiel geben. Picasso hat oft gesagt, daß er, wenn er ein Bild fertig habe und irgend etwas Liebliches und Bezauberndes darin finde, dies ausmerze, weil es ein Zeichen seiner Gewandtheit sei. Was er will, ist etwas, das aus seinen Eingeweiden kommt, mit dem er sich herumschlägt, etwas, das nicht bloß gefällig ist. Ich bin natürlich literarischer, wenn ich mit der Schreibmaschine schreibe. Ich drücke mich gewandter und geschliffener aus. Wenn ich mich dagegen mit dem Füllfederhalter herumschlagen muß, scheint das Material aus einer anderen Quelle zu kommen.
Bei Gesprächen ist das ganz unterschiedlich. Mit manchen Leuten geht das wie eine Flut, wie ein Wasserfall. Bei anderen stottere ich herum oder werde still. Das hängt davon ab, was jemand in einem auslöst, vor wem ich stehe, wie gelöst ich bin, ob ich gut in Form oder gutgelaunt bin, ob ich mich offenbaren und ausdrücken kann. Es hängt von allen möglichen Dingen ab. Ich weiß, daß ich ein ziemlicher Schauspieler bin, und ich weiß, daß wir alle zu einem gewissen Grad unehrlich sind – in dem Sinne, daß wir Schauspieler sind. Wir wissen, wie gut wir sind oder zu sein glauben, oder wir wollen Eindruck machen, und all das färbt unsere Rede. Wenn man mit einem Mädchen spricht, das man beeindrucken möchte, in das man wahnsinnig verliebt ist, und wenn man mit einem anderen Mädchen redet, das einem völlig schnuppe ist, ändert sich alles, nicht wahr? Genauso ist es bei Männern. Manchen Männern möchte man näherkommen, oder man möchte sie dazu bringen, aus sich herauszugehen, oder man möchte sie beeindrucken. Man fühlt sich unterlegen oder überlegen, alles mögliche. Es spielen so viele Faktoren mit, wenn wir einander gegenübertreten.
Da sitze ich jemandem gegenüber und habe den Wunsch, einen Gedanken ernsthaft und aufrichtig auszudrücken, und plötzlich erwische ich mich dabei, wie ich lüge oder den Gedanken aus einer Laune heraus verdrehe. Ich glaube, ich bin mir über mich selbst recht gut im klaren. Und weswegen sollte ich mich schämen? Es gibt keinen vollkommen ehrlichen Menschen. Alles ist gemischt, ›gräulich‹, nicht einfach schwarz oder weiß.
Wenn ich über ein bestimmtes Erlebnis auf der

Hier ein Verzeichnis von Orten in verschiedenen Teilen der Welt, an denen mir mysteriöse Dinge widerfuhren. Ich gehöre zu den Menschen, denen immer etwas widerfährt. In der Nähe der mexikanischen Grenze, in National City, Kalifornien, erlebte ich beispielsweise zum ersten Mal einen totalen Identitätsverlust.

orders for Cossery's "Men God Forgot"

1. 7 Stairs Book Shop (Chicago) = Fish — 10 copies — 40%
2. Red Door Book Shop " = " (Paid) — 10 " " "

Outline of "Tropic of Capricorn"

Note: "On the Ovarian Trolley"

Background—antecedents—philosophy of life—desire to live imaginatively (rather than seek "Truth")—against work (Jack Lawson's death)—Desperate always—Looking for work—a pastime. Western Union job (p.19–50). Valeska—hg Govern (Sunset Place)

Note:—(See how "waybills" is translated in French version—p.27 top!) Real names of goofy msgrs. mentioned. Mallory (Catholic Welfare League. Always broke—Swindling blind newspaper man for carfa (cases). "Once we did get a bonus and Hymie took me to Delmonico's" (sic!)

Note:—p.32: "Once we did get a bonus" — "Dave Olinski" (pp. 40–41)

Note:— The Horatio Alger first book! Friends—loads of them, all despise the other friends! Ulric—(Talk of Paris—descriptions) "Just a

Note:— cor. 6th ave + 49th St: Europe! euphorias! Hymie—"ovaries". Brooklyn Boy!" Kronski and my "euphorias! Fantasy on Book of the hours—Same book always (in the head!) "Should have Hymie the bull-frog! (p.55–57). Love for the old things. been a clown!" My irritating talk! (Persona non grata)

Note:— Valeska + her nigger blood. Borrowing money of her. Playing domino tricks with child while B. gets abortion. Valeska takes fish. Sense of desolation—wrong birthday + hour! "Always dragging behind", etc. (Born with crucifixion complex") A fanatic!

Note— Beyond crucifixion—becoming "gay" (p.62–8) Live like a rock! O'Rourke + nocturnal rambles thru streets. "Whoever thru too great love...." (p.72.) One man in me that had died! Walking around

* More on telegraph rigmarole (Chaos)—pp.74–

* in center of chaos!

~~End of Part I~~

Valeska + Lesbian midget (hermaphrodite)—Girl upstairs (no name)—sexual affair (p.79)—"I wanted to be alone for a thousand years—in order to forget!" Note this ending!!

Note—

End of Part I. (p.78)

Note:— Pauline Janowski + Balzac. Telegram from "Monica" (~~waitress~~) Love letters. Her erudition. Egyptian corpse at Grand Central. "It's me, Izzy". Death of Kronski's first Jewess episode (Kronski) wife—Yetta. Walk thru Prospect Park with him:—His crazy talk! Des. of our German funerals, by contrast.

Capricorn notes – cont.

p. 351 – Truth – is only the core of a totality which is inexhaustible"

* p. 352 – Letter to Mara telling of book about her I am going to write!

*Note (Perhaps in Introd. to R.C. mention this – and notes done at the whole page! Park Comm's office.)

p. 353 – The first girl I loved! (Una Gifford) Note well this passage!

p. 354 – The widow! – long exposition of relationship.

p. 357 – The day I "walked out on the old life" (at W.U.) – "I was 30 then! (see age given in R.C.!!)

p. 358 – Description of Mara "coming towards me" at dance hall.

p. 359 – "Henriette" (Strindberg) – is this in "Miss Julie"

(Finished Sept. 1938)

Perhaps quote also (front of R.C.) this from p. 261 of Capricorn: "All this that is going on, all music, all architecture, all law, all government, all invention, all discovery — all this is velocity exercises in the dark, Czerny with a capital Zed riding a crazy white horse in a bottle of mucilage."

*

---

compare Biblical quotes (Grover Watrous = Capr.) with Crazy George in R.C.

---

p. 94 (R.C.) Kronski's talk – cp with "Psycho. section" – repeated!

p. 251 – (R.C) – Almost repetition of scene with "candle + wheelbarrow" Ulric + schoolmistress –

p. 277 (R.C.) Meetings with personnel mgrs – See if not related in Capricorn?

NOTE Tell Girodias not forget American + English copyrights on "R.C."! "No par. sent. or phrases to be quoted without permission!"

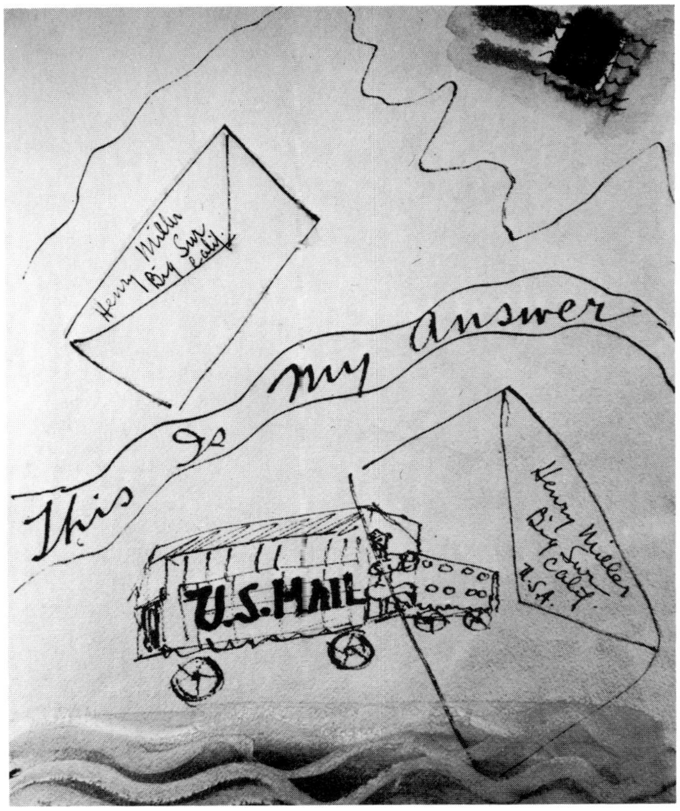

Ich habe nicht die geringste Ahnung, warum ich das hier gemacht habe, aber ich habe die Gewohnheit, Briefe und Umschläge zu verzieren, wenn ich in Form bin.

Schreibmaschine schreiben und dann jemandem in einem Brief über dasselbe Erlebnis berichten oder ihm persönlich davon erzählen würde, wäre jede Version anders. Was man wegläßt, oder was man hinzufügt, ist eine Frage der Selektion.

Wenn ich einen Brief mit der Hand schreibe, verfalle ich bewußt oder unbewußt in einen Gesprächston. Weil ich mich offenbaren möchte. Und wenn man sich offenbaren will, denkt man zuerst einmal daran zu sprechen, jemandem sein Herz auszuschütten, jemandem von etwas zu erzählen.

Beim Schreiben kommt noch etwas anderes hinzu. Im Schriftsteller steckt auch ein Schauspieler. Gewöhnlich weiß er genau, worauf er abzielt. Es geht die Rede von Schriftstellern, die in Trance verfallen. Das habe ich auch schon erlebt. Von nirgendwo, von überall kamen Worte aus mir heraus. Ich war das ›Opfer‹ dieser Worte. Es war, als ob sich eine Schleuse geöffnet hätte und Worte sich über mich ergossen, und ich übertrug sie einfach auf das Papier. Das sind großartige Augenblicke, und doch sind sie auch schrecklich, weil man das verdammte Ding nicht abstellen kann. Ich habe dann immer gefleht: ›Hör auf! Hör auf! Laß mich in Ruhe!‹ Aber so etwas geschieht nicht alle Tage. Gott sei Dank nicht, denn sonst würden wir vor Erschöpfung tot umfallen.

Über den Schauspieler, der im Schriftsteller steckt... Er stellt etwas dar, und er stellt sich der Welt. Er sieht die Welt draußen nicht klar umrissen, aber er weiß, daß sie zuhört. Genau wie der Künstler auf der Bühne. Ich glaube wirklich, daß da etwas dran ist. Wenn man dagegen einen Brief an einen Freund schreibt, versucht man, aufrichtig zu sein. Wenn man mit jemandem spricht, ist ein bißchen von beidem da. Man schlüpft wieder in eine Rolle. Wenn ich jemandem gegenübersitze, kommen mir vielleicht Gedanken, die mir nie kommen würden, wenn ich vor der Schreibmaschine sitze oder einen Brief schreibe.

Ich glaube nicht, daß es das Nachvollziehen eines Erlebnisses ist, was den Schriftsteller freut. Ich glaube, es freut ihn, das Erlebnis auf Papier übertragen zu können. Es ist die Fähigkeit, etwas wiedereinzufangen, die ihn glücklich macht, nicht das Nachvollziehen selbst. Der Nachvollzug ist sekundär. Jedenfalls für mich. Meine Freude liegt in der Ausführung. Wenigstens scheint mir das so. Wenn Sie glauben, daß ich es vielleicht so sehen *will,* dann ist mir das jedenfalls nicht bewußt.

Am Anfang tat ich mich schwer. Ich sagte, ich werde die Wahrheit schreiben, so wahr mir Gott helfe. Und das glaubte ich zu tun. Dann merkte ich, daß ich es nicht konnte. Niemand kann die absolute Wahrheit schreiben. Das ist unmöglich. Das Ich läßt das nicht zu. Ich glaube, die Wahrheit ist etwas, das einem durch die Finger gleitet. Man bekommt sie nicht zu fassen. Vielleicht wenn man mit sich selbst allein ist, aber auch dann sehr selten. Ich glaube, wir leben Lügen. Jeder von uns. Wir leben nie Auge in Auge mit der Wahrheit über uns selbst.

Ideas 1938

Jan. Get "Un Etre Etoilique" "translated" into Chinese and then back again into English. Three versions in one book.

Book of "Some Pleasant Monsters" — Fred, Edgar, Osborn, Fraenkel

Book in bad French — "Tout S'arrangera".

Book of Essays etc — "Plasma and Miasma".

Osborn's Collected Poems — with preface + photos.

Feb. ~~1st~~ 10th Do 5 pages a day of Capricorn regularly

Day passed going to movies with the Durrells!

Begin to-morrow!!

2/18/38 — not yet begun!

2/18/38 = Get "Aller Retour" published in 6 languages in the one volume (French, German, Dutch, Spanish, Italian, Russian, Chinese)

2/18/38. Note: astrological forecast for ~~"Capricorn"~~ arrived today from Joe O'Regan, just when I had written "I must have music at all costs" — "The C Minor Quartet of Beethoven! and the book, "I Ching". (coincidence)

3/8/38 Important meeting with Moricand this evening — 9³⁰–11⁰⁰ P.M.

Publish "Land of Fuck" privately in

[illegible]

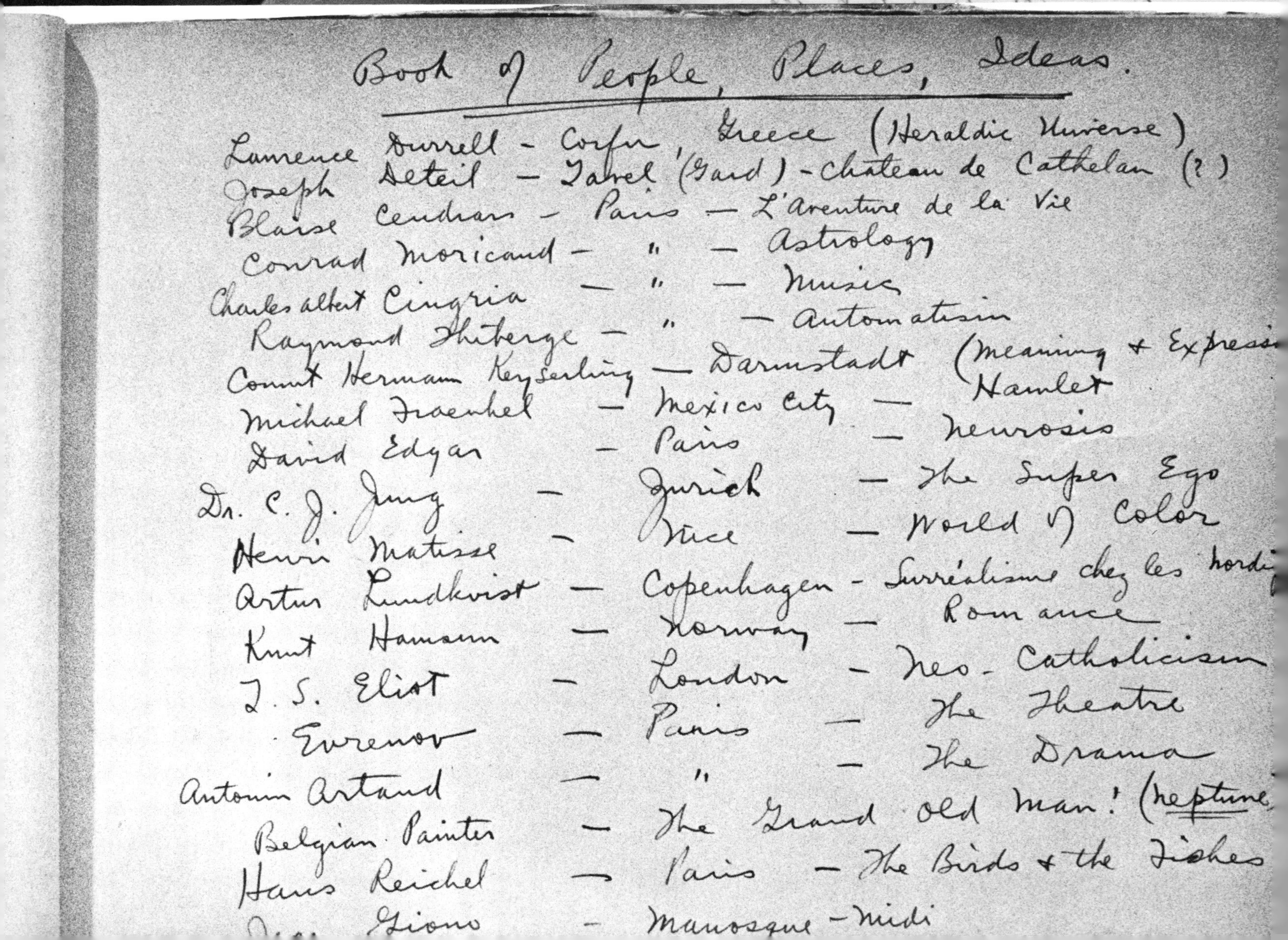

Book of People, Places, Ideas.

Lawrence Durrell - Corfu, Greece (Heraldic Universe)
Joseph Delteil - Tarel (Gard) - Chateau de Cathelan (?)
Blaise Cendrars - Paris - L'Aventure de la Vie
Conrad Moricand - " - Astrology
Charles albert Cingria - " - Music
Raymond Thiberge - " - Automatism
Count Hermann Keyserling - Darmstadt (Meaning + Express
Michael Fraenkel - Mexico City - Hamlet
David Edgar - Paris - Neurosis
Dr. C. J. Jung - Zurich - The Super Ego
Henri Matisse - Nice - World of Color
Artur Lundkvist - Copenhagen - Surréalisme chez les Nordi
Knut Hamsun - Norway - Romance
T. S. Eliot - London - Neo-Catholicism
Evrenov - Paris - The Theatre
Antonin Artaud - " - The Drama
Belgian Painter - The Grand Old Man! (Neptune
Hans Reichel - Paris - The Birds + the Fishes
Giono - Manosque - Midi

Bring in smoked sturgeon!! Maybe some one will send some!

Miscellany

Never read (as kid) Nick Carter, Jesse James, Buffalo Bill. Sherlock Holmes (Weekly Serials) — bored me!

Art of Conversation — nil in America. Always head on vs. indirect. Say "Yes" first, then ——. As young man, if I made a statement, it was always — "You must be crazy!" Sure I was crazy — stark crazy! — to argue with fools + nincompoops.

Callers: "Loved that where you say.... but when you go into...." etc. They came to tell me — not to see if perhaps they were mistaken or had misunderstood.

"People are — or So + So is — all right, up to a point." Nuts! Either OK all thru or no! Guy who is OK. up to a point is usually no fucking good. Take the whole man, the whole work(s) — and find the green parsley!

List books, + brochures — and articles (foreign reviews) written since Big Sur

---

The nobodies who do the dirty work — "archons"?

Monthly postage bill almost equals monthly royalties from N. D. (at least last year!) $450

✓ Visitors who notice nothing! who don't make up to children or dogs. Leery of them!

✓ Drunk from "Time" (with Virginia + Elena Rex) staggered by Val — beautiful — coming out of room to make pipi

---

Best day at Big Sur — abalone, pool in forest, dinner, dancing, with Paco, Hugh + Margaret and Jerry reading — Manila Mayrose

Wenn ich an mich zurückdenke, sehe ich nicht *ein* Ich. Ich sehe viele. Manchmal bin ich erstaunt über ein bestimmtes Ich, das ich offenbare. Wir sind nicht immer ein einziges Ich. Wir machen keine Evolution durch, die immer hübsch vorwärts- und aufwärtsgeht. Es geht im Zickzack, auf und ab.

Wenn ich über etwas Komisches schreibe, höre ich nicht auf und denke daran, der Sache einen lustigen Anstrich zu geben. Ich habe keine fertigen Gedanken. Ich schreibe es einfach nieder, und ob es jetzt lustig oder traurig wird, liegt nicht in meiner Hand. Gewöhnlich denke ich nicht an den Effekt. Manchmal, wenn ich etwas schildere, höre ich vielleicht auf und denke an die Wirkung. Dann sage ich mir: ›Bau das ein, schreib das so, nimm das 'raus.‹ Weil es effektvoller ist. Aber nicht, wenn ich über meine Gefühle schreibe. Sie kommen so heraus, wie sie sind. Wenn es komisch ist, ist es komisch, wenn nicht, dann nicht. Beim Schreiben lache ich oft, ich lache laut heraus.

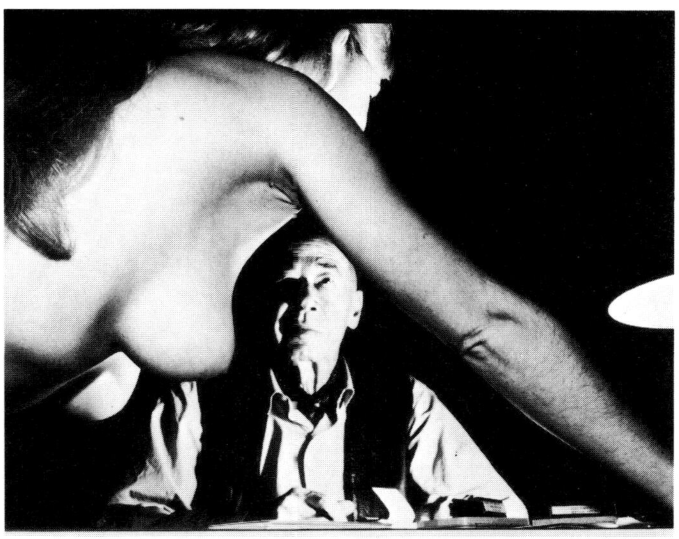

Als ich jung war, war ich einen Tag ausgelassen und am nächsten deprimiert. In meinem späteren Leben, so ab Mitte Vierzig, war ich gelassener. Ich gebrauche immer gern das Wort ›Akzeptieren‹. Das ist ein sehr wichtiges Wort für mich. Das Leben akzeptieren, wie es ist, sehen, was es ist, und als das nehmen, was es ist, sich keine Illusionen machen und nicht desillusionieren lassen. Als ich meinen ›Idealismus‹ los wurde, war das ein großer Schritt auf die Gesundheit zu, würde ich sagen. In Rabelais' *Gargantua* steht über dem Portal der Abbaye de Thélème ›Fay ce que vouldras!‹, mit anderen Worten: ›Tut, was euch gefällt!‹ Der heilige Augustinus hat es anders ausgedrückt. Er sagte: ›Liebet Gott und tut, was euch gefällt.‹ Wie schön! Das bedeutet, daß der Geist, der Heilige Geist, wichtig ist – nicht Moral, nicht Ethik. Wenn man vom rechten Geist erfüllt ist, kann man nichts falsch machen.

Ich glaube, ich habe über Sex geschrieben, weil das eine so große Rolle in meinem Leben gespielt hat. Sex war immer das Dominierende. Um ehrlich zu sein, ich habe nicht viel über meine wirklichen Lieben geschrieben. Einige habe ich in meinen Büchern überhaupt nicht erwähnt. Ich habe immer nur versucht, einen bestimmten Zeitabschnitt zu behandeln – sieben oder acht Jahre mit einer Frau, June, in den Büchern Mona. Und dann bin ich impulsiv in alle Richtungen ab-

Ich feiere nie Weihnachten. Es ist ein Fest, das mir nichts bedeutet. Aber weil ich gerne große Bögen mit meinen unsinnigen Worten und Zeichnungen fülle, nehme ich Weihnachten zum Vorwand, diese zu verschenken.

X'mas 1969 Shalom!

Dear Joe—
The time of the
assassins is on us once
again (Praise the Lord!)
Peace is every where, like
some stinking cunt. C-U-N-T.
When Obadiah begat Nebuchadnezzar
the trouble started. (Don't ask me how!)

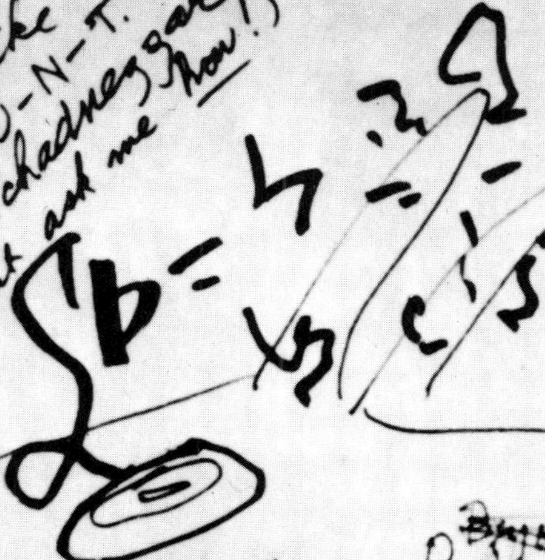

Don't forget that J.C.
was a Hebe!!!
He may even have
been circumcised.

And Mary was a Virgin.
She was born
without a
Cunt.

Merry X'mas, ~~Brys~~ Bryon-San — How goes it?
Byron

(Teeth missing)

From "one of the worst writers that
ever lived." (End quote)

Here in the swamps
of Pacific Palisades the
frogs are croaking all night long.
(They sing X'mas carols too, believe it or not.)
I have just been playing the first movement
of the Leschetitsky Concerto for aches, pains
and groans. It's in B-flat minor, with a
Coda and a Cadenza. Often played for
weddings, circumcisions and blood baths.
Every X'mas is a headache. But this
one is a block-buster. Only a Paganini
or a Thomaschefsky could survive it.
Alles geht schlimmer und schlimmer.
Zucchini allein ist nicht gut. Man muss
Hirsch haben. Und etwas anderes.
Hier gibt nur Kohlrabi und Blutwurst.

Formerly and
formally
"Cunt-struck"

(Still intact)

Les Crottes

(Clean, polished turds)

The
Astonished
Heart finds that
all is immaculate, holy,
inexhaustible, invariable and
self-perpetuating. God is not dead—
"not yet." The angels are eunuchs in
disguise. They have no balls but
they wear jock straps just the same.
Misery is attendant, even in Paradise.
Love is at a premium, even when
not at par.
When the soul gets rusty use
Epsom Salts with a little parsley.
Beware of fools' gold, catnip
and claustrophobia. Use the tooth pick
only when 'hungry.' Keep clear of fat,
lard, grease, muck, slime and other
residuals. Trust in Jehovah and love
all God's creatures, even dogs and cats

Signed: Henry Foolhardy Miller
In the year of his dotage.
Amen!

geschweift. Aber das war mein Hauptziel, mein Leben mit ihr zu erzählen.
Das Komische ist, daß pornographische Literatur mich nicht anregt, praktisch überhaupt keine Wirkung auf mich ausübt. Ja, ich würde sagen, sie langweilt mich. Es stimmt, daß ich nicht sehr viele der einschlägigen Klassiker gelesen habe. Keine Ahnung, warum sie mich nicht reizten. Ich habe ein bißchen was von einem Voyeur. Bilder, Fotos interessieren mich sehr. Sie regen mich an. Aber über Sex zu lesen, nein, nicht besonders. Wenn es nicht großartig geschrieben ist.
Wir haben neulich mit einigen Japanerinnen gesprochen. Sie sagten, sie fänden Sex-Filme widerlich. Reinen Schund. Das finde ich nicht. Ich halte es für unnatürlich wegzusehen, gleichgültig, wie miserabel diese Filme sind. Da ist ein Schwanz und eine Fotze, und sie ficken sich, und das ist aufregend! Man kann nicht wegsehen. Nicht, wenn man selber einen Schwanz oder eine Fotze hat.
Als junger Mann habe ich die Großen wie Casanova, Rabelais, Boccaccio und Petronius Arbiter, den Autor von *Satyricon,* gelesen, und damals fand ich sie alle herrlich, aber ich glaube nicht, daß das heute noch so wäre. Aber *damals,* ja, da haben sie mein Blut in Wallung gebracht.
Vor kurzem las ich ein Buch mit dem Titel *Mein geheimes Leben.* Dieses Werk wurde mir vor gut zwanzig Jahren von unserem damals noch unbe-

Auf dieser Seite habe ich meine Ansichten über den Gebrauch der Sprache zum Ausdruck gebracht. Ich wollte darauf hinaus, daß es keine schmutzigen Worte gibt, es sei denn, die Menschen machen sie dazu.

If they commence to like him, to take him up, then I will throw Spengler overboard too. We cannot like the same people. We must make new gods, even if every night we are obliged to destroy them. If it is necessary, since language is the medium, we must talk unintelligibly, write unintelligbly. If they are going to take our masculine word "cunt" and fling it about indiscriminately, unfeelingly, then we must invent another term. We must have our own terminology, our own private, essential symbology. They have weakened the whole structure of our society, and now they are trying to poison our words.

I sepak about this with some feeling because of certain things that have happened. I have been accused of being a bad little boy who found delight in using dirty words. I sit around on the terrasse and I hear these dirty words being used wrongly, indelicately. I say these people have no right to use my dirty words, ~~they soil them.~~ they rob them of their strength, their integrity. Back of my dirty words is the strong affirmation of my masculinity, my vitality, my awareness, my reproach against this emasculating world. I put a value on my dirty words: I am not chalking them up on a broker's board to rise one day and fall the next. If my words fail, then I fail. My words are me. My words are sacred. ~~therefore~~ Sacred dirty words, precisely. Not to get holy and sacred before them, but to take them sacredly. I stand behind every dirty word I have used, like an advertiser behind his hole-proof socks. I will exchange them if they are

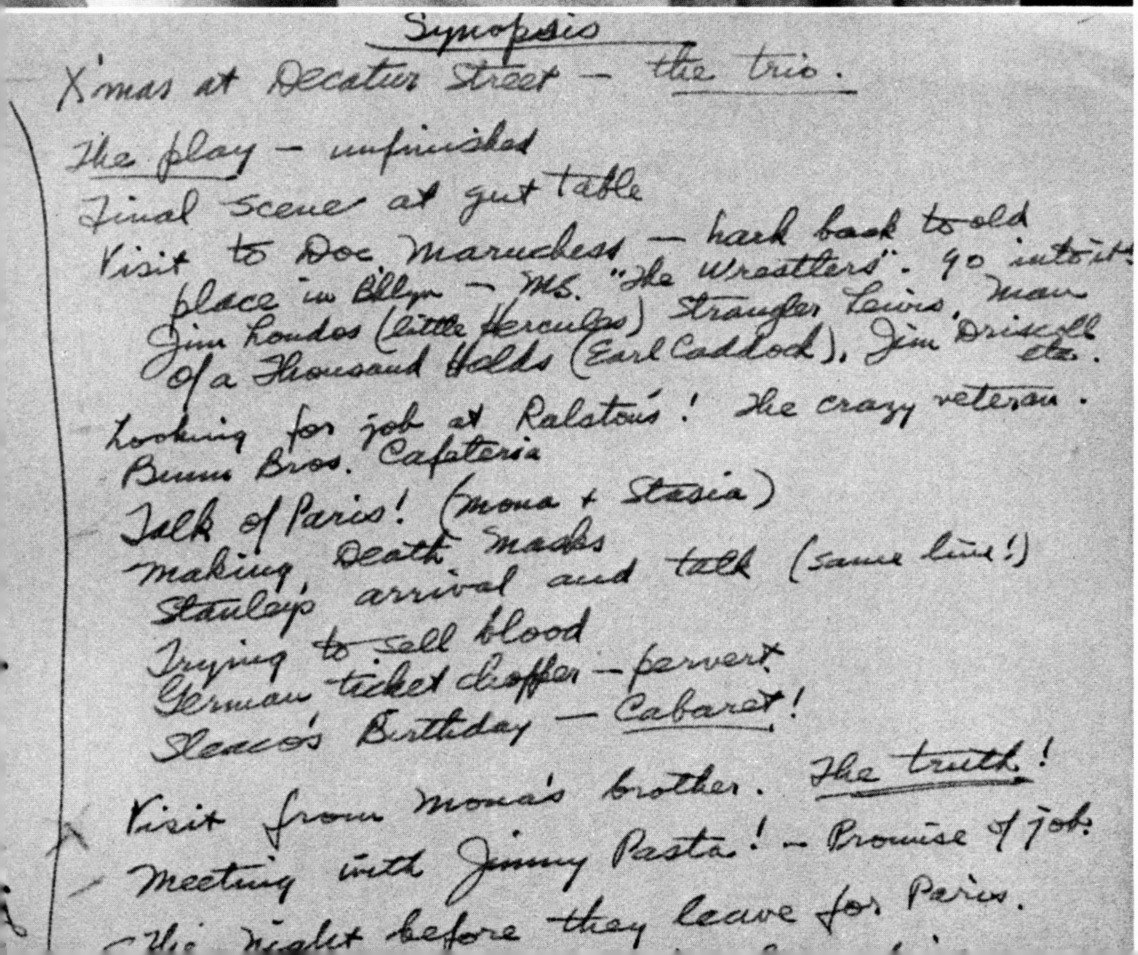

Synopsis

X'mas at Decatur Street — the trio.

The play — unfinished

Final scene at gut table

Visit to Doc Maruchess — hark back to old place in Bklyn — Ms. "The Wrestlers". Go into it! Jim Londos (little Hercules) Strangler Lewis, Man of a Thousand Holds (Earl Caddock), Jim Driscoll etc.

Looking for job at Ralston's! The crazy veteran.

Bunn Bros. Cafeteria

Talk of Paris! (Mona + Stasia)

Making Death masks

Stanley's arrival and talk (same line!)

Trying to sell blood

German ticket chopper — pervert.

Sleaco's Birthday — Cabaret!

Visit from Mona's brother. The truth!

Meeting with Jimmy Pasta! — Promise of job.

The night before they leave for Paris.

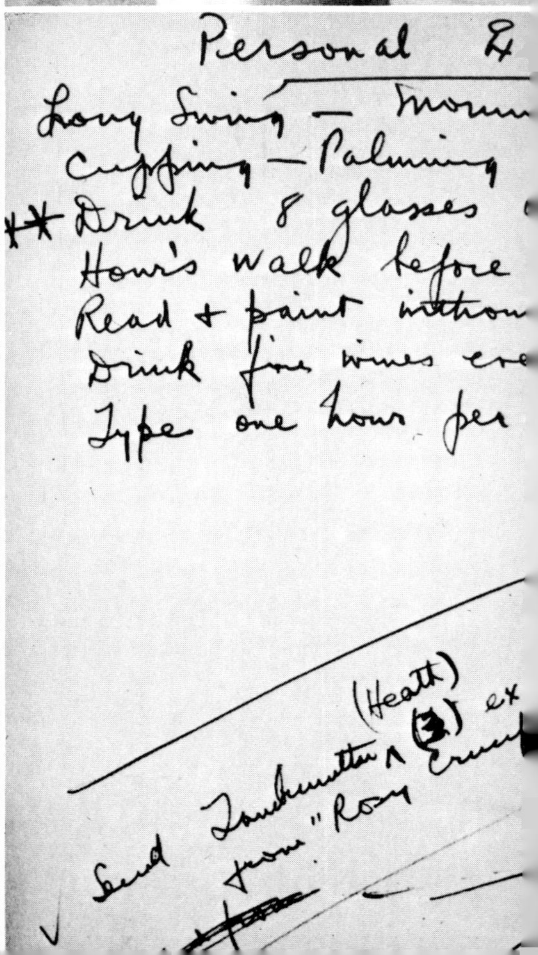

Personal R

Long Swing — Morn

Cupping — Palming

** Drink 8 glasses

Hour's walk before

Read + paint withou

Drink fine wines ev

Type one hour per

Send Tombmutter (Heath) (3) ex from "Rosy

s — How
noon, night

ter per day
kfast (no thinking!)
asses
ay!
- drudge work

ne Schwartz (Partisan Review)
" Letter to Lafayette" ([illegible])

emispheres"
(nightmare)
"

Miscellaneous Items

June L. — swinging from trees like monkey — in leotard
Coming on crazy white horse in fog!
Message from Grover ("horses are loose") — g. to Sir Osbert Sitwell — for his mantelpiece.
Two most beautiful women — Greek girl student at Bath's & Bock's Syrian girl.
Val at 3½ (?) leading me to top of mountain to touch the snow!
Hilary's boy doing picture of Tibet — like that!
Friends of Patchen — from time to time — his "Crucifixion" and his productivity!
~~Mr.~~ Charlie Bleefield and family — X'mas week. Invites himself. What a bore!
Fans arriving one after another — putting them all to work!
* Closing eyes, when trying to paint figures or animals — in order to feel contours of body!
Use of Calligraphy & colored little drawings!

kannten Zensor empfohlen. Er sagte: ›Von allem, was ich auf diesem Gebiet gelesen habe, ist das hier für mich das Größte.‹ Der Mann, der es geschrieben hat, hatte sozusagen eine Passion für Fotzen. Eine rein sexuelle Leidenschaft für Frauen. Es scheint, daß er alle Arten von Frauen hatte. Das war wirklich alles, woran er denken konnte. Er hatte Zeit und Geld, und ich sage Ihnen, es ist aufregend, ihn zu lesen, weil es einzig und allein um Sex geht. Literarisch ist es absolut anspruchslos. Es geht einfach Schlag auf Schlag. Zuerst fand ich es aufregend, aber nach zwei- bis dreihundert Seiten wurde es mir langweilig.

Ich habe nie so geschrieben, egal, was Kritiker behaupten. Ich bin darüber hinaus gegangen, ich habe oft übertrieben oder verzerrt, weil ich ein ganz anderer Typ bin. Seine Methode zu schreiben wäre mir nicht genug. Ich muß aufbauen, ausarbeiten, entwickeln. Für mich ist das die Basis schöpferischer Gestaltung. Schließlich geht es bei dieser Sex-Geschichte ja um viel mehr als um Sex. Das ist so eine elementare Kraft, genauso geheimnisvoll und magisch wie Gott oder das Wesen des Universums.

Man hat behauptet, ich würde bloß saftige Passagen einstreuen, um den Leser bei der Stange zu halten. Das stimmt nicht. Kenner haben gesagt: ›Er ist ein guter Schriftsteller, aber warum hat er solche Sachen geschrieben? Das hat er getan, um Geld zu machen.‹ Ich spreche von meinen ersten Büchern, in denen ich mein Leben von damals erzähle. Aber mein Alltag war voll von diesem anstößigen oder zweifelhaften Stoff. Davon gab es so viel, und doch meine ich, daß mein Leben anders als das der meisten Männer war. Für mich war Sex nie etwas Alltägliches. Verbunden mit der Fotze der Frau, war immer die Frau selbst. Und sie war das Interessanteste dabei. Sicher, die Fotze war wichtig, aber das war nicht alles, außer in einigen wenigen Fällen. Wenn Männer von einer Frau sagen, sie sei ›nichts als Fotze‹, oder besser, ›ganz Fotze‹, so sagt das auch eine ganze Menge. Aber ich war immer mehr an der Frau, der ganzen Frau, interessiert. Darüber hinaus bin ich immer interessiert, was in ihrem Kopf vorgeht. Was denkt sie? Was ist das für ein Geist, mit dem ich mich auseinandersetze? Dahinter muß ich kommen! Das muß ich ergründen! Weil etwas von einem Detektiv in mir steckt. Wäre ich nicht Schriftsteller geworden, hätte ich, glaube ich, einen ausgezeichneten Detektiv abgegeben.

Aber um auf diese anstößigen Stellen in meinen Büchern zurückzukommen, ich möchte fast sagen, daß das ein unbewußter Kunstgriff von mir war. Nicht nur das, ich kann diese Passagen auch noch anders erklären. Bei mir führt eines zum andern und sehr oft zu etwas völlig Neuem. Ich denke nicht geradlinig. Meine Gedanken kommen wie Explosionen. Sie gehen in verschiedene Richtungen auf einmal, und ich weiß nicht, welcher ich folgen soll. Deshalb sind meine Bücher oft so chaotisch. Ich explodiere, das ist es.

Noch ein Plan für noch ein unvollendetes Buch, das ›The Palace of Entrails‹ heißen sollte. Es entstand in der Clichy-Zeit, als ich an drei oder vier Büchern gleichzeitig arbeitete. Stark beeinflußt von Otto Ranks berühmten Buch ›Kunst und Künstler‹.

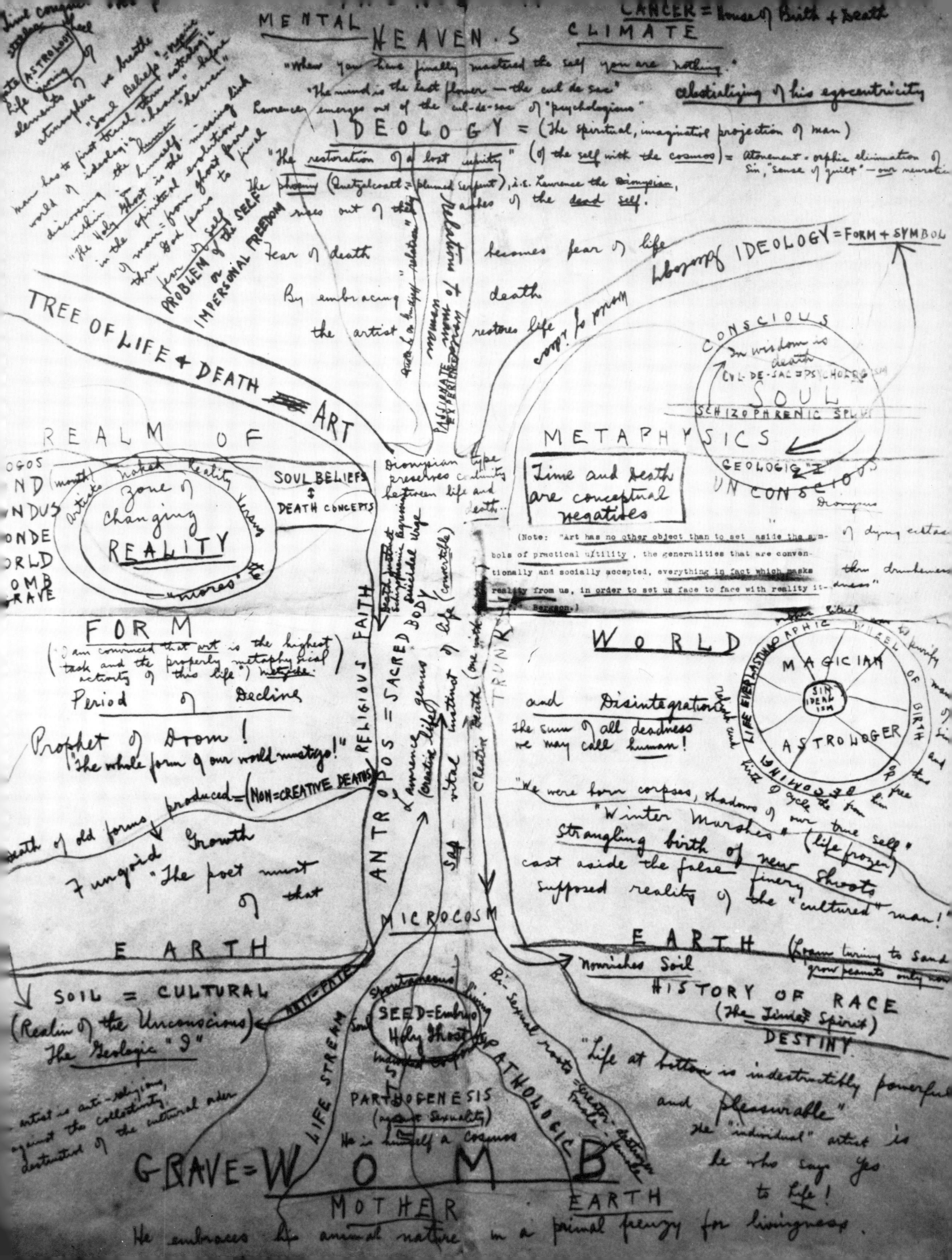

CANCER = House of Birth + Death
MENTAL
HEAVEN'S
CLIMATE
"When you have finally mastered the self you are nothing."
"The mind is the last flower — the cul de sac"
Lawrence emerges out of the cul-de-sac of "psychologisms"
IDEOLOGY = (The spiritual, imaginative projection of man)
"The restoration of a lost unity" (of the self with the cosmos) = Atonement = orphic elimination of Sin, "sense of guilt" — our neurotic
the phoenix (Quetzalcoatl = plumed serpent), i.e. Lawrence the Dionysian, rises out of the ashes of the dead self.
Fear of death becomes fear of life
By embracing death
the artist restores life
IDEOLOGY = FORM + SYMBOL
PROBLEM of the SELF
or
IMPERSONAL FREEDOM
TREE OF LIFE + DEATH = ART
REALM OF
Zone of Changing REALITY
SOUL BELIEFS
DEATH CONCEPTS
Dionysian type preserves continuity between life and death...
METAPHYSICS
Time and Death are conceptual negatives
CONSCIOUS
In wisdom is death
CUL-DE-SAC = PSYCHOLOGISM
SOUL
SCHIZOPHRENIC SPLIT
UNCONSCIOUS
(Note: "Art has no other object than to set aside the symbols of practical utility, the generalities that are conventionally and socially accepted, everything in fact which masks reality from us, in order to set us face to face with reality itself." Bergson.)
PASSIONATE EXPERIENCE
FORM
("I am convinced that art is the highest task and the properly metaphysical activity of this life") Nietzsche
Period of Decline
Prophet of Doom!
"The whole form of our world must go!"
produced = (NON-CREATIVE DEATHS)
Death of old forms
Fungoid Growth
"The poet must ... of that
RELIGIOUS FAITH
ANTROPOS = SACRED BODY
TRUNK
WORLD
MAGICIAN
ASTROLOGER
SIN IDEALISM
ORPHIC WHEEL OF BIRTH
LIFE EVERLASTING
and Disintegration
The sum of all deadness we may call human!
"We were born corpses, shadows of our true self."
"Winter Marshes" (life frozen)
Strangling birth of new Shoots
cast aside the false finery
supposed reality of the "cultured" man!
MICROCOSM
EARTH
SOIL = CULTURAL
(Realm of the Unconscious)
The Geologic "I"
ANTI-FATE
SEED = Embryo
Holy Ghost
LIFE STREAM
PARTHOGENESIS
He is himself a Cosmos
PATHOLOGIC
EARTH
Nourishes Soil
HISTORY OF RACE
DESTINY
"Life at bottom is indestructibly powerful and pleasurable"
The "individual" artist is he who says Yes to Life!
GRAVE = WOMB
MOTHER
EARTH
He embraces his animal nature in a primal frenzy for livingness.

Und noch etwas. Man muß wissen, wann es Zeit wird, Schluß zu machen. Ich könnte ewig weitermachen. Manchmal schließe ich ganz abrupt. Mit den Notizbüchern habe ich in der allerersten Zeit in Paris angefangen. Ich glaube, damals trug ich immer eins mit mir herum. Ich war wie ein freier Journalist. Ich machte mir so gewissenhaft Notizen, daß man hätte glauben können, ich würde von einer großen, bedeutenden Zeitung bezahlt. Über alles machte ich mir Notizen. Ich hob Speisekarten aus Restaurants, Theaterprogramme, alles auf. Und ich klebte viele davon in meine Notizbücher ein. Meistens mache ich gar keinen Gebrauch von meinen Notizen, aber es macht mir Spaß, sie hinzuschreiben. Sie inspirieren mich. Oft sitze ich da und seh sie mir an und lasse sie dann vollkommen außer acht. Aber sie verhelfen mir zu einem Anfang. Genauso ist es mit Worten. Ich verliebe mich in bestimmte Worte und mache eine Liste davon auf einem großen Bogen Packpapier.
Erst als ich wußte, daß ich Paris verlassen würde, um nach Griechenland zu gehen, und vielleicht nie zurückkehren würde, beschloß ich, diese Notizen binden zu lassen. Und ich habe viel mehr als das, was in der Bibliothek steht. Einige meiner Notizbücher habe ich Freunden geschenkt. Ich habe sieben Bücher mit der Hand geschrieben, sieben ganze Bücher, in Blindbände, und sie Freunden geschenkt. Das einzige, das jemals veröffentlicht wurde, war ein kleines über Hans Reichel mit dem Titel *Order and Chaos chez Hans Reichel.* Ich würde die anderen auch gerne irgendwann einmal gedruckt sehen, obwohl ich sie nicht mit der Absicht schrieb, sie veröffentlichen zu lassen.
Ich hoffe auf ein leichteres Leben. Ich möchte still und friedlich leben und arbeiten. Ich möchte vergessen werden, um mehr Ruhe zu haben. Ich brauche keine Publicity. Sie macht mir das Leben schwer.

Die Männer haben keine Ahnung, wie wenig sich die Frauen aus der sogenannten Körperlichen Attraktivität machen, wie sie manchmal auf einen miesen, häszlichen, alten Mann fliegen. Du lieber Himmel! Mir scheint, diese häszlichen alten Knacker kriegen oft die schönsten Weiber.

BIG SUR

An sonnigen Tagen kamen immer etliche Freunde zur Hütte am Anderson's Creek. Die Miete

Es scheint, daß ich mir mein ganzes Leben lang nie ausgesucht habe, wo ich mich niederließ. Immer haben mich die Umstände irgendwohin verschlagen. Genausowenig habe ich mir Big Sur in Kalifornien ausgesucht, obwohl das der einzige Ort in Amerika ist, an dem ich mich zu Hause gefühlt habe.

Im Juni 1939 verließ ich Frankreich, um nach Griechenland zu fahren. Während ich in Griechenland war, brach der Krieg aus. Der amerikanische Konsul schickte mich nach New York zurück. Dort schrieb ich den *Koloß von Maroussi.* Ich habe mein ganzes Herz in dieses Buch gelegt. Ich war etwa acht oder neun Monate in Griechenland gewesen und hatte es paradiesisch gefunden. Ich hatte immer gedacht, Frankreich sei das einzige Land – *mein* Land. Ich hatte sogar versucht, die französische Staatsbürgerschaft zu erwerben. Damals mußte man dafür bezahlen, und ich hatte nie das nötige Geld. Sonst wäre ich bestimmt französischer Bürger geworden.

Jedenfalls fand ich in Griechenland eine völlig neue Welt. In erster Linie war es die Welt der Natur und heiligen Stätten. Nie zuvor war ich an Orten gewesen, die mir das Gefühl gaben, daß sie heilig waren. Es ist so überwältigend eindrucksvoll. Man weiß auf den ersten Blick, daß hier Ereignisse von unermeßlicher Bedeutung stattge-

kostete nur sieben Dollar im Monat, aber bis zum Lebensmittelhändler waren es fast vierzig Meilen.

funden haben. Und dann das Licht, dieses unglaubliche Licht des griechischen Himmels. Das ist etwas, das ich nie mehr irgendwo gesehen habe.

Ich fuhr auf Lawrence Durrells Einladung nach Griechenland. Er war nach Paris gekommen, kurz nachdem er den *Wendekreis des Krebses* gelesen hatte. Er hatte mir einen begeisterten Brief geschrieben, und wir fingen an zu korrespondieren. Dann tauchte er eines Tages, vielleicht ein Jahr später, mit seiner jungen Frau bei mir auf. Er hatte schon einige Zeit auf Korfu gelebt und drängte mich, nach Griechenland zu kommen. Aber ich blieb noch einige Jahre in Frankreich und fuhr erst ein paar Monate vor Kriegsbeginn los. Mir war nicht einmal klar, daß es Krieg geben würde. Ich glaubte, ich würde ein Jahr Ferien machen und dann nach Frankreich zurückkehren. Wenn der Krieg nicht dazwischengekommen wäre, wäre ich in Griechenland geblieben und hätte mich dort niedergelassen. Es war genau das richtige für mich.

Nun, der Krieg brach aus, und der amerikanische Konsul in Athen – übrigens ein ziemlich bekannter Schriftsteller – nahm meinen Paß, machte ihn ungültig und erklärte mir, daß ich dahin zurückgehen müßte, wo ich hergekommen sei. Natürlich wollte ich nicht nach Amerika zurück, und erst

Lepska, meine dritte Frau und die Mutter meiner Kinder Val und Tony. Hier tanzt sie mit Emil. Damals hatten wir nur wenige und einfache Vergnügungen.

recht nicht nach New York. Ich fragte ihn, ob ich nicht nach Südamerika oder China gehen könnte, irgendwohin, bloß nicht nach Amerika... ›Nein!‹ Ich mußte nach New York zurück. Es brach mir fast das Herz. Ich wollte nicht nach Amerika, ich war fertig mit Amerika. Aber wie das Schicksal spielt! Zwei Jahre später lebte ich in Big Sur, einer grandiosen Gegend, die sich in gewisser Hinsicht mit Griechenland, *meinem* Griechenland, vergleichen ließ. Siebzehn Jahre lebte ich dort in Big Sur. Und was gab es da? Berge, Himmel, Meer – nur eine Handvoll Menschen. Die Einsamkeit war genau das richtige für mich.

Eine Zeitlang war ich ohne Frau.

Ich hatte mich gerade in Big Sur niedergelassen, als ich die Nachricht erhielt, daß meine Mutter im Sterben lag, und so fuhr ich nach New York, aber meine Mutter starb nicht, jedenfalls nicht damals.

In New York lernte ich ein junges Mädchen kennen, das an der Yale-Universität Geschichte, oder genauer, Geschichtsphilosophie studierte. Sie hieß Janina Martha Lepska. Sie wurde die Mutter unserer Kinder Tony und Val. Aber als ich sie kennenlernte, war sie ein junges Mädchen von zwanzig. Ich nahm sie mit nach Big Sur, nachdem wir unterwegs im Rathaus von Denver geheiratet hatten.

In Big Sur erhielt ich hin und wieder Tantiemen, aber sie flossen sehr, sehr spärlich. Ich lebte sehr sparsam, sehr billig. Wir hatten unseren eigenen Gemüsegarten, und das Meer versorgte uns mit Ohrmuscheln und Fischen. Freunde brachten uns Sachen mit. Wir teilten mit unseren Nachbarn. Damals brauchte ich nicht viel. Ich erinnere mich nicht mehr, wie viel oder wie wenig Geld wir zum Leben brauchten, aber ich weiß noch, daß mein Freund Emil White, der sich einen Monat nach mir dort niederließ, von etwa zehn Dollar in der Woche lebte. Darin war alles eingeschlossen, Miete, Essen, Zigaretten und Wein. Stellen Sie sich das einmal vor – zehn Dollar in der Woche! Die Zeiten haben sich geändert!

Zuerst lebte ich dort, wo heute Nepenhe steht. Damals gab es da nur eine Blockhütte. Eines Tages setzte mich ein Freund in der Gegend ab und sagte: ›Geh dahin. Du mußt Big Sur sehen, und Lynda (Sargent) wird dich wahrscheinlich einladen, eine Weile zu bleiben.‹ Und das tat sie. Sie war eine warmherzige und wunderbare Frau, diese Lynda Sargent. Ich schrieb und malte, und sie kochte – auf einem Holzherd! Ich blieb zwei Monate oder länger als ihr Gast. Dann bekam sie Angst, daß sie mich nie mehr loswerden würde! Ich hatte kein Geld. Ich war buchstäblich ein Bettler. Sie fand ein Blockhaus für mich, das dem Bürgermeister von Carmel, Keith Evans, gehörte. Er bot mir das Haus für zehn Dollar im Monat an und sagte ihr, wenn ich das Geld nicht

Dies ist das Haus am Partington Ridge, für das der ›Wendekreis des Krebses‹ bezahlte. Am Anfang hatte es nur ein Zimmer. Im Laufe der Jahre baute ich mit der Hilfe meiner Freunde ein kleines Schlafzimmer, eine Veranda und schließlich ein Arbeitszimmer an, das größer als das Haus selbst war.

hätte, könnte ich umsonst drin wohnen. Ich blieb ein Jahr in seinem Haus am Partington Ridge.
Das war, als ich nach New York fuhr, um meine Mutter zu sehen, und mit einer neuen Frau zurückkam. Ungefähr ein Jahr später wurde meine Tochter Valentine geboren. Dann kam der Bürgermeister aus dem Krieg zurück, und ich mußte aus seinem Haus 'raus. Wir zogen in eine Hütte am Anderson Creek, die auf dem Rand einer Klippe stand. Die durch Big Sur führende Straße war von einer Sträflingskolonie gebaut worden, und wir bewohnten eine der Sträflingshütten für sieben Dollar im Monat. Dort verbrachten wir unser zweites Jahr.
Dann lernte ich eine großartige Frau namens Jean Wharton kennen, über die ich in *Big Sur und die Orangen des Hieronymus Bosch* geschrieben habe. Sie war sehr nett zu uns. Ihr gehörte das Haus, das ich jetzt habe. Eines Tages sagte sie: ›Wißt ihr, dieses Haus gehört eigentlich euch beiden. Ihr paßt da hinein. Warum nehmt ihr es nicht?‹ Ich fragte: ›Womit? Du weißt, daß ich kein Geld habe.‹ Worauf sie antwortete: ›Wenn ihr das Haus wollt, verkaufe ich es euch. Ihr könnt es bezahlen, wenn ihr zu Geld kommt. Darüber mache ich mir keine Sorgen.‹ Ich willigte ein, und zwei Monate später erhielt ich unerwartet meinen ersten großen Scheck aus Frankreich. Ich bezahlte das Haus sofort und legte noch tausend Dollar drauf.
Meine beiden Kinder waren ein Segen. Sie sind nicht zu Hause geboren – darauf waren wir nicht eingerichtet. Es gab keinen Arzt in Big Sur, nicht einmal ein Telefon in der Nähe. Seitdem sie auf der Welt waren, war ich ein sehr glücklicher Mann.
Als sie ganz klein waren, stand ich nachts auf, um sie zu füttern. Ich wechselte auch ihre Windeln.

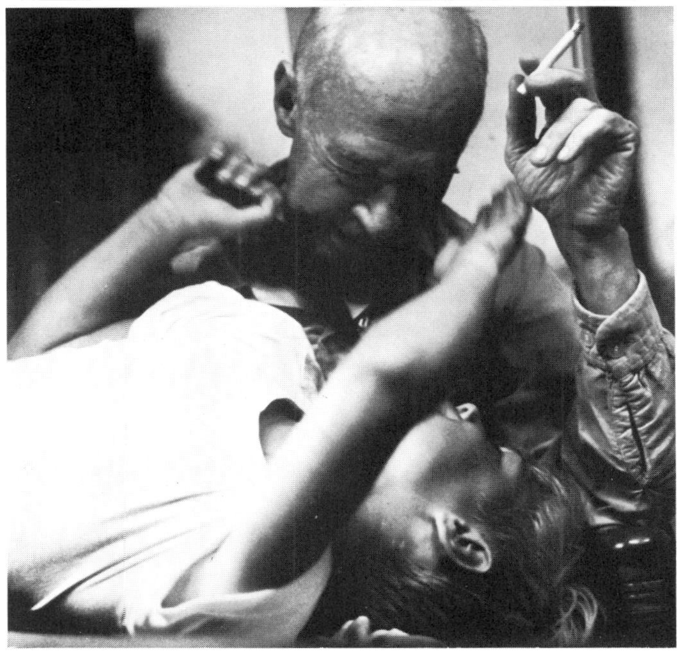

Mein Sohn Tony und ich waren sehr miteinander verbunden. Ich war immer für meine Kinder da, wenn sie spielen wollten. Das fiel mir nicht schwer, da ich selber genauso gerne spiele wie Kinder.

Damals hatte ich keinen Wagen. Ich steckte die schmutzigen Windeln in einen Beutel, einen großen Wäschebeutel, und ging die sechs Meilen zu den heißen Quellen (die inzwischen vom Esalen-Institut übernommen wurden), wusch sie in dem heißen Quellwasser und trug sie wieder nach Hause! Sechs Meilen! Das ist *etwas,* woran ich mich erinnere, wenn ich an Babys denke. Nachdem meine Frau mich verlassen hatte, war ich eine Zeitlang mit den Kindern allein. Das ist viel verlangt von einem Mann – zwei quicklebendige drei- und fünfjährige Fratzen zu versorgen, und in einem Zimmer mit ihnen eingesperrt zu sein, besonders in der Regenzeit. Im Winter, wenn der Regen kam, waren wir eingeschlossen. Ich gab ihnen zu essen, zog sie um, wusch sie, erzählte ihnen Geschichten. Ich schrieb nichts. Es ging nicht. Ich war schon mittags erschöpft! Dann sagte ich:›Schlafen wir ein bißchen.‹ Und wir drei legten uns ins Bett, und sie fingen an umherzuklettern und zu schreien und sich miteinander zu balgen. Schließlich mußte ich meine Frau bitten, sie zu nehmen. Sosehr ich sie liebte, ich wurde mit der Situation nicht fertig. Das war etwas, das ich nie vergessen werde. Seit dieser Erfahrung habe ich einen enormen Respekt vor Frauen. Sie hat mich gelehrt, was Frauen alles zu leisten haben, verheiratete Frauen, Essen kochen, Wäsche waschen, das Haus saubermachen, die Kinder versorgen und all das. Da kann kein Mann mit, egal, wie schwer seine Arbeit ist.

Die Kinder waren nicht weit auseinander, zweieinhalb Jahre. Sie lagen sich ständig in den Haaren, wie zwei Todfeinde. Heute sind sie natürlich gute Freunde.

Als Val soweit war, daß sie neben mir hertappen konnte, als sie etwa drei Jahre alt war, machte ich jeden Tag einen langen Spaziergang mit ihr an einem Flüßchen entlang durch den Wald. Ich zeigte ihr Vögel, Bäume, Blätter, Felsen und erzählte ihr Geschichten. Dann hob ich sie hoch und trug sie auf meinen Schultern. Ich werde das erste Lied, das ich ihr beigebracht habe, nie vergessen. Es war ›Yankee Doodle Dandy.‹ Wie schön war das, mit diesem Kind auf dem Rücken zu gehen und zu pfeifen. Wer keine Kinder gehabt

hat, weiß nicht, was das Leben ist. Ja, sie waren ein großer Segen.
Gleichzeitig hatte ich schreckliche Streitereien mit meiner Frau. Wir waren höchst unglücklich zusammen. In meinem winzig kleinen Arbeitszimmer gab es ein großes Fenster. Die Kinder kamen immer und klopften ans Fenster. ›Kannst du 'rauskommen? Kannst du spielen kommen?‹ Meine Frau hatte ihnen verboten, mich bei der Arbeit zu stören, und sie bestrafte sie dafür, aber mir waren diese Unterbrechungen willkommen. ›Natürlich, was wollt ihr spielen? Ball? Oder sollen wir spazierengehen?‹ antwortete ich. Ich glaube, das war meine glücklichste Zeit. Mir sind Kinder am liebsten zwischen fünf und acht. Jünger geht auch noch. Aber nicht zu jung. Sie müssen gehen und ein bißchen sprechen können. Eines Abends fing ich beim Essen an, eine Geschichte zu erzählen, die nie endete. Jeden Abend sagten sie: ›Erzähl uns, wie es weitergeht.‹ Und schnell, ohne zu denken, erzählte ich weiter. Es war phantastisch. Ich wünschte, ich hätte all das niedergeschrieben. Sie hörten dieser täglichen Fortsetzungsgeschichte gebannt zu. Ich dachte überhaupt nicht nach. Dazu hatte ich keine Zeit. Es kam einfach aus mir heraus. Ich hatte ein paar unglaubliche Gestalten erfunden und ließ sie alles mögliche erleben und die seltsamsten, unmöglichsten Dinge tun. Vor allen Dingen mußte immer etwas passieren! Das Beste war, daß ich nie wußte, was als nächstes kommen würde.
Was als nächstes kam, war die Scheidung. Die üblichen sieben Jahre waren vergangen, und die Ehe zerbrach. Lepska verließ mich.
Ein paar Monate später trat eine andere Frau in mein Leben. Eine Frau, die aus dem Blauen kam. Sie lebte in Los Angeles und war eine begeisterte Verehrerin von mir. Wir fingen an zu korrespondieren. Ich hatte sie nie gesehen, bis sie eines Tages ankam und sagte: ›Da bin ich.‹ Es war am ersten April. Das werde ich nie vergessen! ›Da bin ich, um zu bleiben, wenn du mich willst.‹ Das war Eve.
Wir heirateten nicht sofort. Wir lebten sieben oder acht Monate zusammen, und dann machten wir Flitterwochen in Paris und heirateten, als wir nach Big Sur zurückkamen. Sie muß siebenundzwanzig, höchstens achtundzwanzig und ich sechzig Jahre oder älter gewesen sein. Der Altersunterschied hat mir nie etwas ausgemacht. Nie. Ich glaube nicht, daß man irgend etwas Definitives darüber sagen kann, wie sich der Altersunterschied zwischen Mann und Frau auswirkt. Das hängt von der Persönlichkeit ab. Bei einem Mann mit einer schöpferischen Natur spielt das Alter keine große Rolle. Denken Sie an Pablo Casals oder Picasso. Bei jüngeren Frauen ist man nicht nur wieder Vater, sondern auch Lehrer und Geliebter. Was das Sexuelle betrifft, so ist auch das wieder individuell verschieden. Ich kenne einige Ehen, in denen der Sex etwas Seltenes, das Verhältnis aber gut ist. Natürlich ist ein älterer Mann einem jungen, gutaussehenden Burschen

Diese romantische Aufnahme entstand kurz nachdem ich Eve geheiratet hatte. Mehrmals am Tag machten wir einen Spaziergang über diesen Pfad, um die Aussicht auf die Berge und das Meer zu genießen, die dem, was ich auf meinen Reisen gesehen habe, in nichts nachsteht.

Mit Eve machte ich schließlich meine erste Reise nach Paris seit dem Krieg. Ich führte sie in alles ein, und dazu gehörte natürlich, daß ich sie mit den großen Weinen bekannt machte.

Wieder in Big Sur nach der Paris-Reise. Wir sind immer noch verliebt. In gewisser Weise waren wir immer verliebt, selbst nach der Scheidung war das noch so.

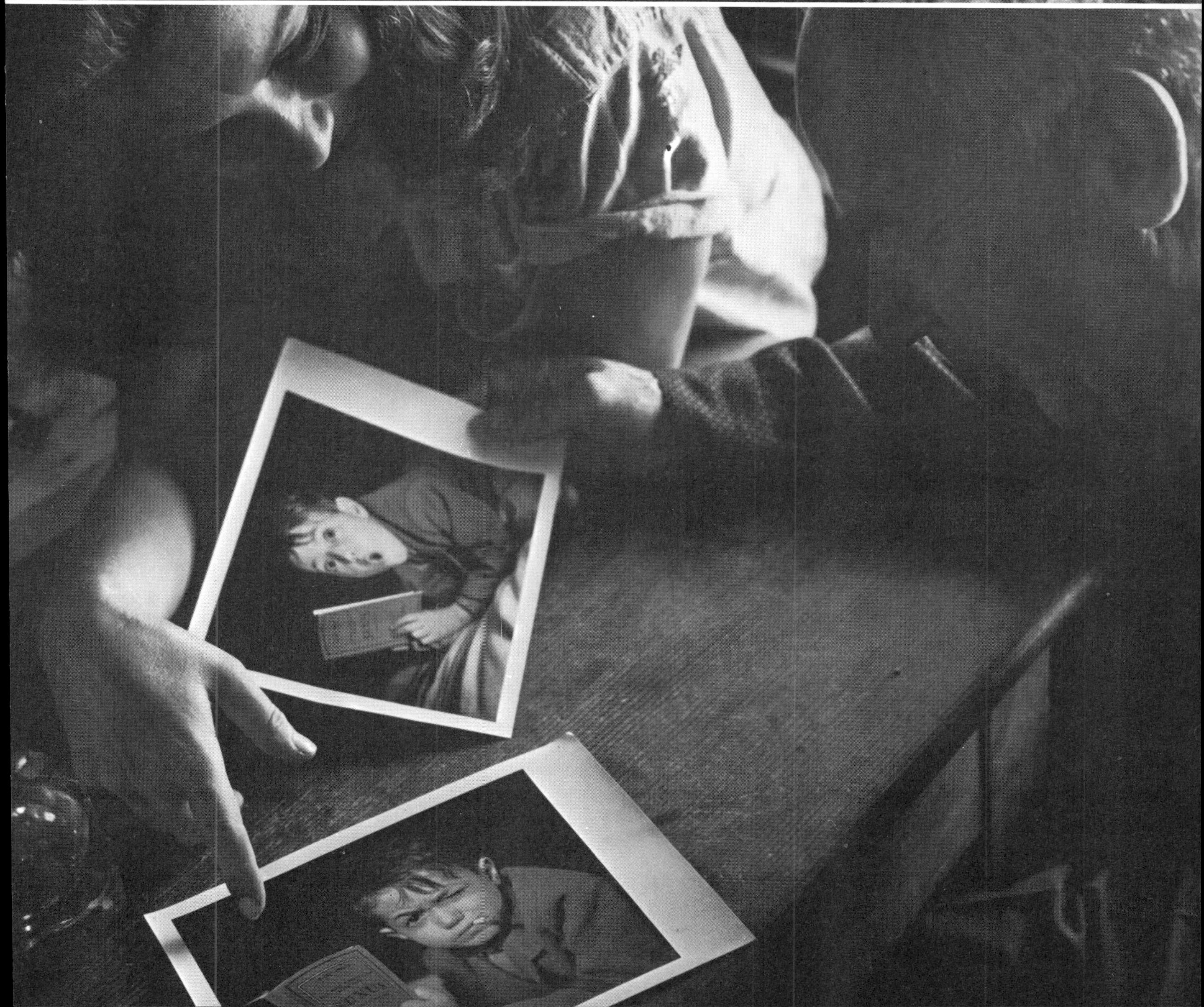

Dieses Mosaik mit den Tierkreiszeichen ist das Werk meines guten Freundes Ephraim Doner. Es ist in die Wand des Arbeitszimmers gebettet, eine unvergängliche Erinnerung an meine Zeit in Big Sur.
Auch die Terrasse ist ein Doner-Mosaik. Chez Miller gab es keine feste Zeiteinteilung. Es gab viele Stunden, in denen wir gar nichts taten.

gegenüber, der nicht einmal viel im Kopf zu haben braucht, immer im Nachteil. Er kann einem die Frau gewöhnlich wegschnappen, selbst dem besten aller Männer.
Manchmal kann eine mit einem viel älteren Mann verheiratete Frau ausgesprochen glücklich sein, vielleicht ein paar Affären haben, aber nicht daran denken, die Ehe aufzulösen. Die Männer haben keine Ahnung, wie *wenig* sich die Frauen aus der sogenannten körperlichen Attraktivität machen, wie sie manchmal auf einen miesen, häßlichen, alten Mann fliegen. Du lieber Himmel! Mir scheint, diese häßlichen alten Knacker kriegen oft die schönsten Weiber. Ich werde immer gefragt, ob die Frauen, mit denen ich verheiratet war, etwas gemeinsam hatten, und das muß wohl so sein. Manchmal bin ich mir dessen bewußt. *Manchmal.* Und doch, wenn ich sie miteinander vergleiche, sind sie vollkommen verschieden. Man müßte sagen, nein, sie haben nichts gemeinsam. Aber *für mich* müssen sie etwas gemeinsam gehabt haben. Ich will Ihnen sagen, was mich, glaube ich, anzieht. Ich mag starke Frauen.

Ich bin ein passiver Typ, in gewisser Weise schwach. Wissen Sie, ich bin nicht ›supermännlich‹, und ich fühle mich immer zu starken, charaktervollen Frauen hingezogen. Das ist mir aufgefallen. Mein Kampf mit ihnen ist ein Kampf des Geistes. Außerdem habe ich gemerkt, daß mich Frauen fesseln, die verschlagen sind, die lügen, die Spielchen spielen, die mich verwirren, die mich immer in Atem halten. Das scheint mir Spaß zu machen!
Tatsächlich waren sie sehr verschieden, sowohl geistig als auch körperlich, obwohl ich sagen muß, daß eigentlich alle Frauen, die ich geliebt habe, schön waren. Das finden auch fast alle meine Freunde. Sie besaßen sexuelle Anziehungskraft. Das mußte dasein, aber es war nie das Ausschlaggebende. Was mich beschäftigt, ist der Charakter einer Frau, ihre Persönlichkeit, die Seele, könnte man sagen. Ob Sie es glauben oder nicht, die Seele einer Frau berührt mich am meisten.
Männer sagen immer: ›Die Frauen, die *ich* wähle.‹ Ich behaupte, sie wählen *uns*. Ich kann von mir nicht sagen, daß ich gewählt hätte. Sicher, ich bin ihnen nachgelaufen, ich habe mich um sie bemüht und all das, aber ich habe mir dabei nicht gedacht: ›Oh, die muß mir gehören. Das ist genau das, was ich will, und ich werde es bekommen.‹ Nein, so geht das nicht.
Viele Männer betrachten eine Beziehung zu einer Frau unter dem sexuellen Aspekt. Für mich ist der *Gedanke* an Sex das Interessante. Alles, was mit dem Sexuellen verbunden ist, fesselt mich. Natürlich habe ich viel Phantasie. Aber Sex ist nichts Unumgängliches. Es geht auch ohne.
Ich glaube, Frauen finden es schwer, mit mir zu leben. Dabei bin ich der umgänglichste Mensch von der Welt. Aber ich habe offenbar etwas Tyrannisches an mir. Und vielleicht kommt meine kritische Seite heraus, wenn ich mit jemandem lebe, sei es mit einem Mann oder mit einer Frau. Ich habe einen starken Sinn fürs Karikaturistische. Ich entdecke die Schwächen eines Menschen schnell und nutze sie aus. Ich kann nicht anders.
So bin ich. Es fängt damit an, daß ich eine Frau

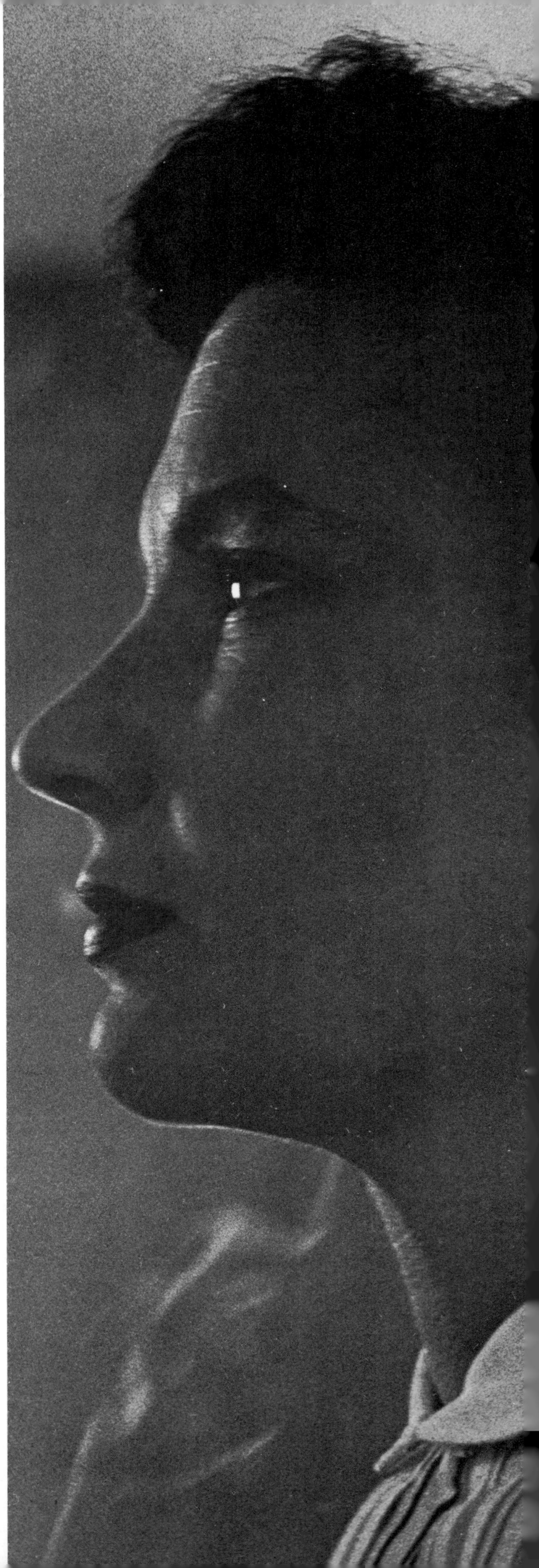

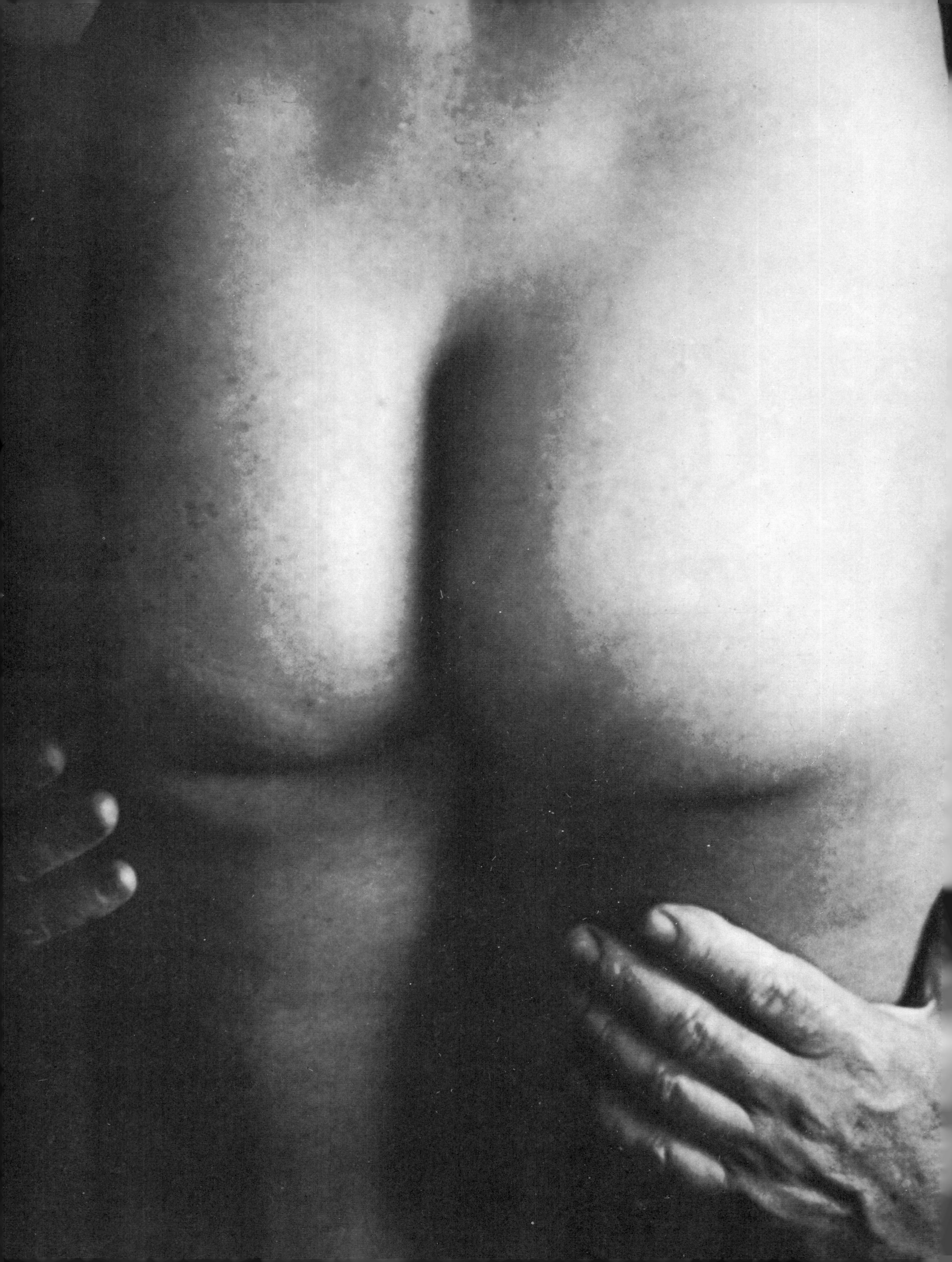

vergöttere, sie idealisiere, und dann stoße ich sie von ihrem Podest herunter. Ich weiß nicht, ob das ganz richtig ist – aber so scheint es sich abzuspielen. Und doch bin ich mit allen, außer mit einer, gut Freund geblieben. Sie schreiben mir und erzählen mir, daß sie mich noch lieben und so weiter. Wie soll man das erklären? Sie lieben mich um meiner selbst willen, aber sie können nicht mit mir leben.

Es ist mir nie sonderlich schwergefallen, auch dort zu schreiben, wo ich gerade war, vielleicht, weil ich nur schreibe, wenn mir danach ist. Ich habe mich nie gezwungen. Ich habe jeden Tag geschrieben, immer aus einer frischen Quelle. Ich hatte Disziplin. In Big Sur ging ich früh zu Bett. Es gab kein Fernsehen, kein Radio, nichts. Ich war um neun Uhr im Bett und wachte in der Morgendämmerung auf und beobachtete, wie die Sonne aufging. Nach dem Frühstück ging ich sofort in mein Arbeitszimmer und schrieb bis Mittag. Dann legte ich mich ein bißchen hin, und danach malte ich, wenn ich die Energie dazu hatte. Bei all dem fand ich immer noch Zeit, mit den Kindern zu spielen und allein lange Spaziergänge in die Berge oder den Wald zu machen.

Mein engster Freund in Big Sur war Emil White, der sich einen Monat nach mir dort niederließ. Er besuchte mich oft, oder ich besuchte ihn in seinem Häuschen an der Landstraße. Meine Gespräche mit ihm waren ganz anders als die in der Pariser Zeit mit Michael Fraenkel. Emil war immer gelassen und immer bereit, einem etwas zu essen zu machen. Er las auch viel. Seinen Lebensunterhalt verdiente er sich schlecht und recht als Versandhändler von Büchern. Er hatte ein abenteuerliches Leben hinter sich, als er nach Amerika kam. Mit siebzehn Jahren war er wegen seiner Beteiligung an der ungarischen Revolutionsbewegung zum Tode verurteilt worden. Er entkam durch ein Wunder.

Das ist Emil in einer charakteristischen Pose. Ich kann mir nicht vorstellen, warum er traurig aussieht. Er hat die weibliche Berührung immer geliebt.

Es gab eine ganze Reihe von interessanten Leuten in Big Sur. Da war zunächst einmal Harry Dick Ross, mein nächster Nachbar, den ich oft sah. Auch er las viel und besaß eine herrliche Bibliothek. Er war einer der belesensten Männer, die ich je gekannt habe. Jedes Jahr las er seine Lieblingsautoren wieder. Ich habe viele wundervolle Stunden im Gespräch mit ihm verbracht, nicht nur über Bücher, sondern über alles unter der Sonne. Wie so viele ungewöhnliche Menschen war er Autodidakt.

Dann war da Jack Morgenrath aus New York, ein großartiger Bursche, der noch nie auf dem Land gelebt hatte. Seine Eltern hatten ihn zum Rabbiner bestimmt. Er kam nach Big Sur, weil er dieses wunderbare reine Leben leben wollte, von dem er

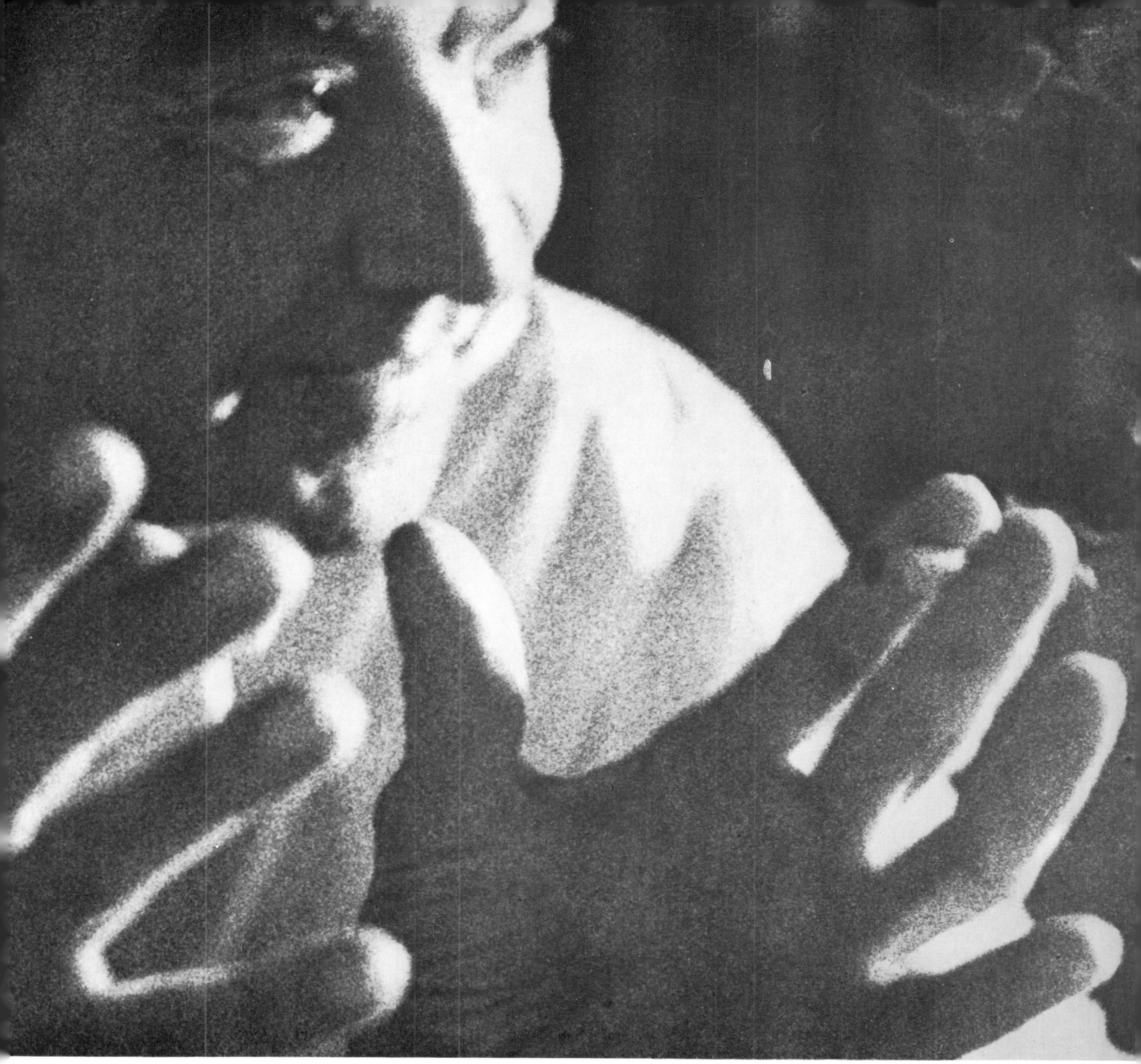

gehört hatte. Zuerst wußte er nicht, was er tun sollte, aber bald ging er als Gärtner von Haus zu Haus. Wenn er auf ein Glas Wein hereinkam, blieb er gleich Stunden. Wir sprachen über viele, viele Dinge, einschließlich Religion und Philosophie. Er war eine sanfte, friedliche, anarchistische Seele.

Dann war da ein anderer großartiger Bursche, den ich wiedergesehen habe, als ich das letzte Mal in Big Sur war – Howard Welch, ›die Müllabfuhr‹. Er kam aus Missouri. Eines Tages war er da, um sich der Gemeinschaft von Big Sur anzuschließen. Er sagte: ›Ich weiß nicht, was ich tun kann. Ich habe keinerlei Talente, aber ich bin bereit, alles zu tun.‹ Am Anfang hob er Gräben aus, spülte Geschirr, reparierte Leitungen, machte sich nützlich, wo er nur konnte. Dann entdeckte er eines Tages, daß wir eine Müllabfuhr brauchten. Es war uns verboten, Abfälle ins Meer zu werfen. Wir sollten sie vierzig Meilen weit nach Montery transportieren! Und so kaufte Howard ein paar riesige Tonnen und einen Lastwagen – irgendwer stellte das Geld zur Verfügung – sammelte jede Woche unseren Abfall ein und kassierte dafür eine bescheidene Summe. Auf diese Weise kam er recht gut zurecht. Auch er hatte keine richtige Ausbildung, aber es war ein Vergnügen, ihn reden zu hören. Er sammelte den Müll ein, brachte ihn zu sich nach Hause, kippte dort alles auf seinem großen Hof aus und sah es durch, sortierte aus und fand Sachen, herrliche Sachen, die Leute weggeworfen hatten. Seine ganze Einrichtung besteht aus diesen ausrangierten Dingen – Betten, Stühle, Vogelkäfige, alles! Das ist ein Mann, der wirklich etwas aus sich gemacht hat. Nicht in materieller Hinsicht, sondern geistig. Er ist ein glücklicher Mensch. Er schreibt jetzt, zeichnet und malt, und all das allein. Er weiß weder etwas von Grammatik noch von Rechtschreibung, aber er schreibt! Ich sage ihm: ›Howard, das ist großartig. Mach dir nichts draus, wenn nichts veröffentlicht wird. Hast du Spaß am Schreiben? Dann mach weiter.‹ Er sagte: ›Henry, du bist derjenige, der mich auf den rechten Weg gebracht hat.‹ Damit meinte er – daß man tut, was man gerne möchte, und sonst nichts. Vielleicht schafft Gott den Müll weg.

Es gab da einen Mann – ich weiß nicht, ob ich ihn schon erwähnt habe –, den ich kennenlernte, als ich am Partington Ridge ankam. Damals waren er und ich die einzigen, die dort lebten. Er hatte ein Haus oben auf dem Kamm. Meines lag nur dreihundert Meter hoch. Er hieß Jaime Di Angulo, und sein Vater war spanischer Botschafter

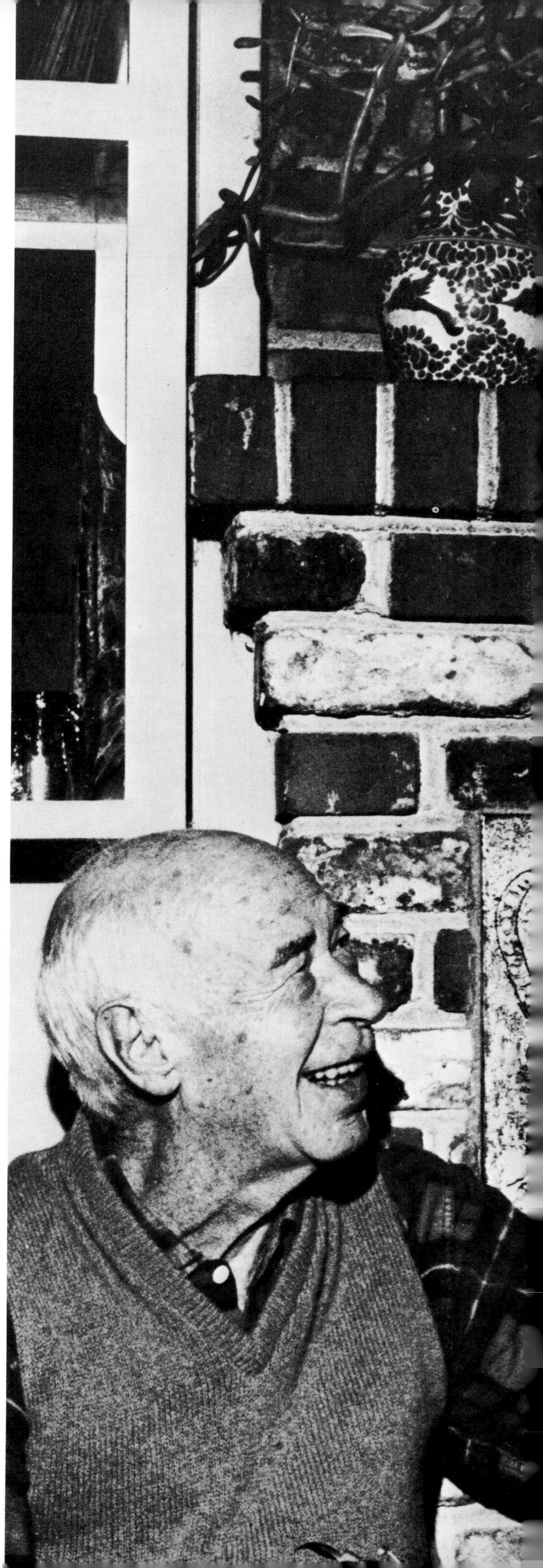

Letztes Jahr im Hause des Malers Ephraim Doner in Carmel Heights, Kalifornien. Er wird einer alttestamentarischen Gestalt immer ähnlicher. Sein Leben und sein Werk sind eins – eine Wohltat und ein Segen für jedermann.

in Frankreich gewesen. Jaime war mit etwa neunzehn Jahren aus Paris fortgelaufen, um Cowboy in Amerika zu werden. Er wurde Cowboy. Dann lebte er unter Indianern und wurde Medizinmann. Er studierte Anthropologie und später Physik an der John-Hopkins-Universität. Er beherrschte mehrere Sprachen. Bevor er nach Big Sur kam, hatte er in großem Stil in San Francisco gelebt. In Big Sur nahm er eine völlig neue Lebensweise an. Er lebte wie ein Wilder, wanderte manchmal splitternackt in der Gegend herum. Er ritt viel, oft nackt. In der Mitte des Steinhauses, das er sich selber gebaut hatte, stand ein großer Hackklotz und nicht weit davon ein mit Wörterbüchern beladener Tisch. Er schrieb ein Buch über Sprachen, das nie veröffentlicht wurde, weil es zu unkonventionell war. Er ging auf die Jagd – und kochte auf einem offenen Feuer. Er hatte ein Loch ins Dach gemacht, um den Rauch abziehen zu lassen. Er starb auf tragische Weise.

In Carmel Highlands hatte ich einen Freund namens Ephraim Doner. Ephraim ist Maler – und eine große Persönlichkeit. Wenn ich in Monterey einkaufen war, schaute ich auf dem Rückweg im-

Heute hat das Esalen-Institut die ehemaligen Slade's Hot Springs übernommen. Es ist keine neue Idee, nackt in dem heißen Quellwasser zu baden. Ich habe dort mit meiner Familie regelmäßig in einer alten Wanne gebadet.

NOTICE TO VISITORS

The undersigned wishes to inform all and sundry that he has long since left the Abode of Peace, that he no longer has any comfort or inspiration to offer, and that even the migratory birds avoid this spot. Prayers are offered up daily — without charge. The garden has been transformed into an open air Vespasienne. Look toward Nepenthe when you water the flowers. If you are seeking Truth travel a little farther south: you will find it at Ojai chez Krishnamurti. Be kind to the children — they abide. For a metaphysical treat stop at the Big Sur Inn which is also a haven for stray cats and dogs. Life along the South Coast is just a bed of roses, with a few thorns and nettles interspersed. The life class meets every Monday regardless. Refreshments are served when demanded. Those interested in celestial navigation are advised to first obtain a rudimentary knowledge of integral calculus, phlebotomy, astral physics and related subjects. The use of liquor is strictly forbidden on interplanetary flights.

When you come please be so kind as to check your neuroses and psychoses at the gate. Gossip may be exchanged during the wee hours of the morning when the gremlins have left. Please bear in mind that this is a small community and news travels fast. (Carrier pigeons are provided when necessary.) Fans and other obnoxious pests would do well to maintain silence. Questions relating to work-in-progress will be answered in stereotype fashion in the columns of the Big Sur Guide at the usual space rates. God is Love — and in the ultimate Love will prevail. Remember, man is the ruler, not Saturn! Let us do our best, even if it gets us nowhere. In the midst of darkness there is light. "I am the light of the world," said Jesus. He said a mouthful. Light, more light!

Respectfully,

Henry Miller

mer bei ihm herein und aß bei ihm. Er war ein phantastischer Koch. Wir spielten auch oft Tischtennis zusammen. Doner war sehr arm. Er verdiente praktisch nichts. Aber wenn ich in die Stadt ging, wartete er immer an der Tankstelle auf mich, um zu sehen, ob ich genug Geld hatte, um Lebensmittel einzukaufen. Wenn er pleite war, lieh er sich etwas von dem Tankstellenwärter, um mir auszuhelfen. Ein großartiger Freund!

Sechs Monate nach meiner Ankunft, nachdem es sich langsam herumgesprochen hatte, daß ich dort lebte, fand sich ein steter Besucherstrom bei mir ein. Sie kamen aus aller Welt. Hoch und niedrig, gut und böse, jede Sorte Mensch platzte mir ins Haus.

Oft war ich draußen im Hof bei harter Arbeit, wenn ein Besucher ankam. Ich erklärte ihm, daß ich keine Zeit für ihn hätte, wenn er aber unbedingt mit mir sprechen wolle, dann könne er eine Schaufel oder Hacke nehmen und mir helfen. Und das taten sie.

Ich mache nie den Versuch, etwas zu tun, das ich nicht gut kann. Meine ganzen Zimmermannsarbeiten haben Freunde auf Besuch für mich gemacht. Ich kann keinen Nagel gerade in die Wand schlagen. Ich bin überhaupt kein Zimmermann. Aber ich hatte das Glück, mein Leben lang gute Freunde zu haben. Wenn ich etwas nicht kann, habe ich Freunde, die es können und denen es Spaß macht, mir zu helfen.

Wenn ich auch nichts baute, so hatte ich doch genug damit zu tun, das Dickicht fernzuhalten. Wir mußten ständig roden. Vergessen Sie nicht, daß dort bei meiner Ankunft buchstäblich Urwald war. Der Lacksumach war so hoch wie die Decke dieses Zimmers und erstreckte sich über ungefähr einen halben Morgen. Mit der Hilfe eines Freundes gelang es mir, den größten Teil zu roden. Etwa ein Jahr später grub ich den ganzen Garten, ungefähr einen Morgen, auf. Ich hob tiefe Gräben aus, wie im Ersten Weltkrieg, um an die Wurzeln des Lacksumach 'ranzukommen. Es war ein aussichtsloses Unterfangen, weil die Wurzeln scheinbar endlos sind. Ich holzte immer etwas ab. Selbst wenn ich den Pfad hinunterging, um die Post zu holen, hatte ich ein Werkzeug dabei und hackte unterwegs das überhängende Gestrüpp ab. Sonst wäre der Pfad überwuchert. Aber ich baute nichts und legte keine Fliesen. Die Fliesen wurden von meinem Freund Doner gelegt. Das Leben in Big Sur war hart. Ich mußte in bester körperlicher Verfassung sein. Es war ein äußerst aktives Leben. In den ersten zwei Jahren stieg ich jeden Tag den Hügel 'rauf und 'runter. Das waren jeweils zwei Meilen. Ein langgestreckter, steiler Weg. Nicht nur daß ich Lebensmittel und Kerosin für die Lampen, alles mögliche holte, ich trug das alles auf meinem Rücken hinauf. Oft mußte ich zweimal gehen, um das ganze Zeug hochzuschaffen. Dann machte ich jeden Tag nach der Arbeit einen Spaziergang in die Berge. Das waren noch einmal vier oder fünf Meilen. Solange die Kinder klein waren, trug ich immer eines auf dem Rücken oder auf den Schultern. Mit Eve machte ich kurz nach ihrer Ankunft eine große Reise nach Europa und dann noch eine mit jemand anders, was dazu beitrug, daß ich Big Sur verließ.

Wissen Sie, wenn ich verheiratet war, bin ich nicht mit anderen Frauen umhergelaufen. Es hat in meinem Leben immer viele Frauen gegeben, aber diese Eskapaden, wenn ich sie einmal so nennen darf, fielen gewöhnlich in die Zeiten, in denen ich nicht verheiratet war. Wie ich schon sagte, gegen Ende bat ich, als ich Mitglied der Jury bei den Filmfestspielen von Cannes war, eine junge Frau aus Big Sur, mir nachzukommen. Eve hatte gesagt, sie hätte nichts dagegen. Aber an demselben Tag, an dem das Mädchen in Cannes ankam, kabelte Eve: ›Ich lasse mich scheiden.‹

An jedem Tag meines Lebens in Big Sur hatte ich die unvergleichliche Aussicht auf den Pazifik vor mir. Seine unaufhörlich wechselnde Gestalt brachte mir abwechselnd Frieden und Anregung. Ich mußte es lernen, mit der überwältigenden Kraft zu leben, die sich in seiner offensichtlichen Majestät verbirgt.

Aus Europa zurückgekehrt, lebte ich noch eine Weile mit Eve zusammen. Sie können sich vorstellen, daß es nicht ganz einfach war, nach der Scheidung mit ihr zusammenzuleben, obwohl wir gute Freunde geblieben waren. Während der Zeit lebten die Kinder bei Eves Mutter in Los Angeles, die noch einmal geheiratet und sich wieder hatte scheiden lassen. Die Kinder baten mich, zu ihnen zu kommen und wieder ein Familienleben aufzunehmen. Sie vermißten mich, und ich vermißte sie, und so willigte ich ein. Eve blieb in Big Sur und heiratete kurz darauf meinen nächsten Nachbar.

In Paris fand ich Freiheit und in Big Sur Seelenfrieden. Ich glaube, ich habe dort wirklich zu vollkommener Ganzheit gefunden.

Als ich Big Sur kürzlich wieder besuchte, hatte es sich nicht wesentlich verändert – bloß ein paar Häuser mehr und ein paar Leute mehr. Big Sur bleibt so ziemlich das, was es immer war. Es erscheint mir unverdorben. Und ich glaube, das wird immer so bleiben.

Aber ich würde nicht zurückgehen, um dort zu leben. Diesesr Abschnitt meines Lebens ist vorbei. Wenn ich einen Ort einmal verlasse, dann verlasse ich ihn für immer. Außerdem könnte ich dieses Leben physisch nicht mehr verkraften. Zuviel Bergauf und -ab für meine gichtige Hüfte. Aber es war herrlich, als ich letzten Dezember da war, mit dem Regen und all dem. Mein Gott, als ich ankam, fragte ich mich, wie ich solch einen Ort jemals verlassen konnte. Die Luft war so belebend, der Horizont endlos. Wenn ich auf meiner Terrasse stand, die auf den weiten Ozean hinausging, dachte ich immer an das Tausende von Meilen entfernte China und an die Welt der Zukunft, eine friedliche Welt, vielleicht.

Als ich Big Sur verließ, um nach Pacific Palisades zu gehen, war Emil der Letzte, der mir Lebewohl sagte. Ob ich es bereue, Big Sur verlassen zu haben? Offen gestanden, habe ich nie etwas bereut. Reue ist, wie Schuldgefühle, eine Zeitverschwendung.

Das Wichtigste ist,
sich Überlegenheit anzueignen
und im Alter den Mut
zu entwickeln, das zu
tun, was Kinder taten, als
sie noch nichts wussten.

MALEN

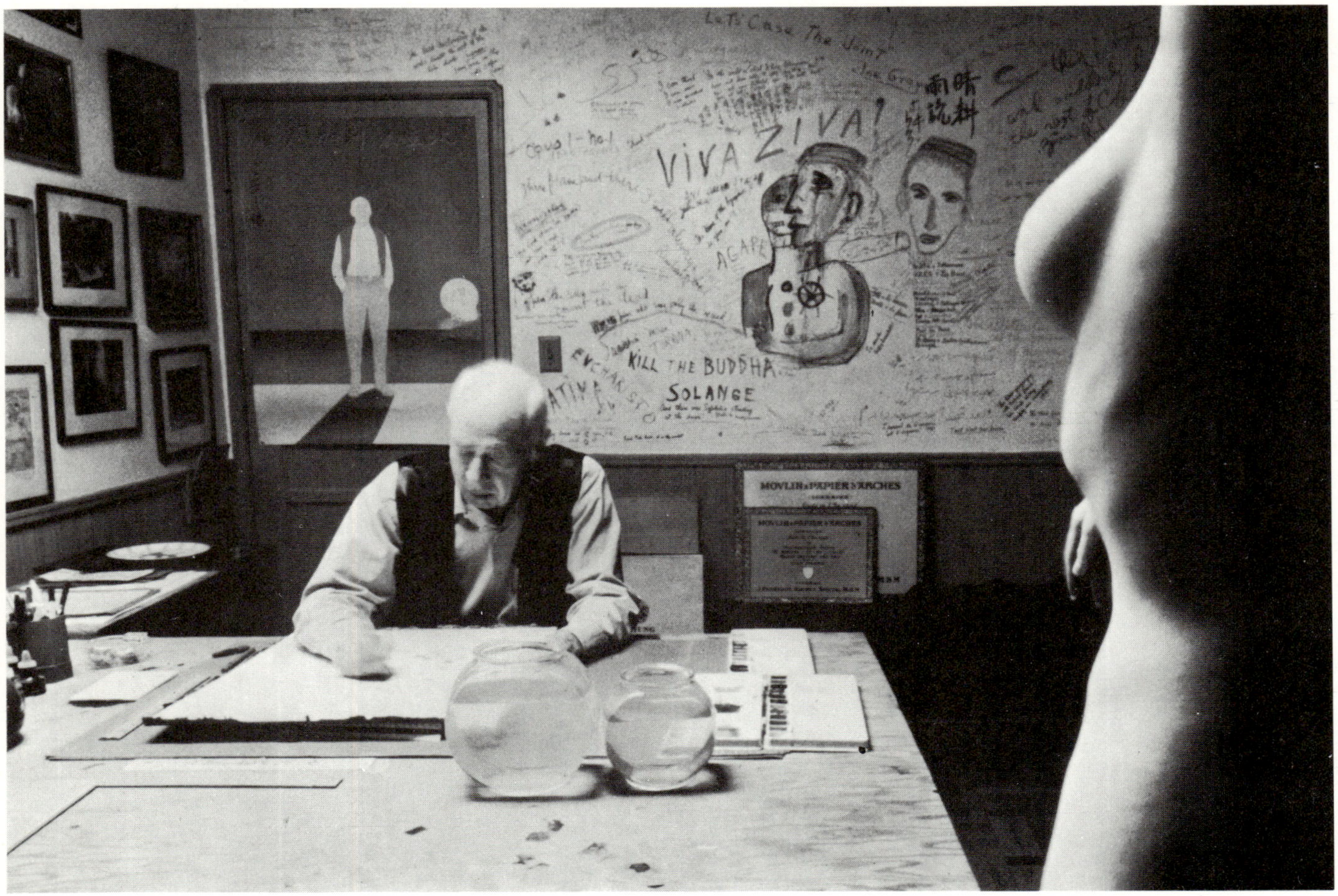

In diesem kleinen Zimmer male ich. Meine Freunde und Besucher haben mir geholfen, die Wände zu dekorieren. Das Bild von mir als ›Brooklyn Boy‹ im Hintergrund stammt von dem japanischen Künstler Yokoo.

Ich würde die Malerei als eine Suche darstellen. Das kann man, glaube ich, von jeder schöpferischen Tätigkeit sagen. In der Musik schlägt man einen Ton an. Das führt zum nächsten Ton. Eines zieht das andere nach sich. Man lebt von einem Augenblick zum nächsten, und dadurch bestimmt jeder Augenblick den nächsten. Man sollte nicht fünf Schritte voraus sein, sondern nur den allernächsten vor Augen haben, und wenn man sich daran halten kann, liegt man immer richtig. Die Menschen denken zu weit voraus, mit Umwegen und alldem. Man sollte nur an das Nächstliegende denken. Man sollte nur das tun, was der Augenblick verlangt. Das ist eine so einfache Sache, und doch scheint es, daß sich nur wenige Menschen daran halten können.

Ich nehme an, Sie haben keine Ahnung, wie ich zu malen anfing. Ich hatte einen Jugendfreund, der bis zu seinem Tode vor einigen Jahren mein Freund blieb. Ich kannte ihn seit meinem zehnten Lebensjahr. Der Unterschied zwischen uns war, daß er schon mit zehn ein begabter Künstler war. Zuweilen sagte der Lehrer: ›Geh an die Tafel, Emil, und male uns etwas‹, und das tat er dann. Leider wurde mein Freund in jungen Jahren Gebrauchsgraphiker. Er hatte Mutter, Vater, Schwester und Bruder zu unterstützen. Er wurde nie ein großer Künstler, aber er liebte die Kunst sehr. Wir verbrachten ganze Nächte damit, Kunstbücher zu betrachten, Reproduktionen zu studieren, über Stile, Perioden und Techniken zu diskutieren. Das war ein sehr wichtiger Ab-

Henry Miller
3/6/65

Henry Miller
9/48

For Hoki – a princess from the Far East
Henry Miller
59/6.5

Henry Miller
5/1/66

Henry Miller
64/64

La Mère Ubu
Henry Miller
26/68

schnitt meines Lebens. Damals hatte ich noch keinen Strich getan. Ich glaubte, ich hätte kein Talent zum Zeichnen oder Malen.
Eine Sammlung von George Grosz' Aquarellen brachte die Wende. Auf dem Einband jener Sammlung *(Ecce Homo)* war das Porträt eines Mannes. Eines Abends, ich weiß nicht, was über mich gekommen war, kopierte ich dieses Porträt, und ich kopierte es sehr gut. Da sagte ich mir: ›Bei Gott, vielleicht *kann* ich zeichnen und malen.‹ Und so fing ich an.
Damals, als ich den Pinsel zum erstenmal in die Hand nahm, ist viel passiert. Das war, als ich äußerst arm war. Ich konnte mir die Zeit nur damit vertreiben, daß ich mir Papier zum Malen beschaffte – irgendwelches Papier, Einwickelpapier, Butterbrotpapier, auf dem man herrliche Sachen machen kann.
Aber vergessen wir nicht meinen Freund Emil, der mir die Kunst nahegebracht hat. Emil Schnellock aus Brooklyn. Er hatte Talent, aber als Künstler brachte er es zu nichts. Er erteilte Kunstunterricht an einem Mädchencollege. Ein guter Lehrer war er, das muß ich sagen.
Später arbeitete ich mit einigen Künstlerfreunden von mir – Abe Rattner, Hilaire Hiler, Hans Reichel. Ich sagte ihnen, daß ich mehr über Techniken lernen wollte. Nach zwei oder drei Stunden meinten sie: ›Henry, gib es auf. Versuch nicht zu lernen. Du bist so besser dran.‹ Sie entmutigten mich alle, aber auf freundliche Weise. Sie meinten, daß sie das bißchen Talent, das ich hatte, nicht zerstören wollten. Auch merkten sie, daß ich keine Lernnatur bin. Und sie hatten ja so recht.
Der Maler, den ich am meisten verehrte, war Hans Reichel, ein nach Paris emigrierter deutscher Künstler. Mir gefiel sein Werk sogar noch besser als Paul Klees. Paul Klee und John Marin sind die beiden Aquarellmaler, denen ich mich mit meinen Arbeiten gerne annähern würde, aber das gelingt mir nie. Und wenn ich sagen könnte, wer mich beeinflußt hat, so würde ich sie, zusammen mit Hans Reichel, an erster Stelle nennen. Aber davor, lange bevor ich von ihnen gehört hatte, waren die Japaner, die ich auch heute noch tief verehre. Ich meine Maler wie Utamaro, Hiroshige und Hokusai. Ich werde nie müde, ihr Werk zu betrachten.
Die Leute sagen immer zu mir: ›Wie ich sehe, hat sich Ihr Stil geändert.‹ Ich meine, sie wissen nicht, wovon sie reden. Wenn man bedenkt, daß ich bis heute dreitausend Aquarelle gemalt habe, und ich weiß ziemlich genau, was ich gemacht habe, begreife ich einfach nicht, was die Leute mit derartigen Bemerkungen meinen. Natürlich ändert sich mein Stil. Ich ändere mich von Tag zu Tag, aber das ist keine radikale Änderung wie bei Picasso, weil mir sein Talent abgeht.
Manchmal bedaure ich Picasso, obwohl ich weiß, daß er einer der Großen unserer Welt ist. Aber es tut mir leid, daß er der Sklave oder das Opfer seines Werks ist, daß er zwanghaft malt. Es heißt, er sei nicht glücklich, wenn er nicht malt. Er kann sozusagen das Nichtstun nicht genießen. Aber eines muß ich sagen. Für mich besitzt alles, was er sagt, eine tiefe Weisheit, und es ist schön und geistvoll ausgedrückt. Man kann ihn über alles fragen, selbst über Dinge, über die er nichts weiß, man bekommt immer eine großartige Antwort. Weil es in seinem Kopf ständig arbeitet, weil er eine schnelle, spontane Art zu denken hat. Sehen Sie, ich glaube, daß es sehr wenige wirkliche Denker auf der Welt gibt, daß wir alle Schlafwandler sind. Wir denken nicht, wir reagieren nur. Wir geben von uns, was wir gehört, was wir von anderen entlehnt haben. Wir haben keine eigenen Gedanken. Aber was Picasso sagt, besitzt Originalität, und selbst wenn es verrückt und verquer ist und die Dinge auf den Kopf stellt, klingt es für meine Ohren ganz plausibel.
Ich komme noch einmal darauf zurück, warum ich die Chinesen und ihre Weisheit liebe. Weil das Denken und die schöpferische Arbeit für sie ein Spiel ist. Es gehört nicht zu den endgültigen Dingen. Es ist vielleicht das beste Spiel, das sie besitzen, aber es bleibt nur ein Spiel.
Das Malen ist ein Spiel für mich. Ich weiß nur, was ich malen will, und das ist eigentlich alles, was ich weiß. Ich fühle den Pinsel gern in der Hand. Aber was ich da nun eigentlich male, was da vor sich geht, das weiß ich nie.

In diesem Aquarell habe ich versucht, de Kooning zu imitieren – ohne viel Erfolg.

Manchmal mobilisiert mich der Anblick einer Postkarte oder einer Reklame, und ich sage mir: ›So etwas würde ich gerne machen.‹ Ansichtskarten faszinieren mich. Ich lege die Postkarte vor mich hin und nehme mir vor, sie zu kopieren. Vielleicht ist es eine Hafenansicht mit Booten und Häusern. Natürlich entsteht unter meiner Hand etwas ganz anderes, weil ich sogar unfähig bin, gut zu kopieren.

Es gab eine Zeit, in der ich bestimmte Länder mit bestimmten Farben in Verbindung brachte. China, zum Beispiel – gelb, gelb. Das chinesische Gelb hat mich immer sehr fasziniert. Ich verbrachte ganze Tage oder Abende mit Emil Schnellock, meinem ersten Malerfreund. Wir sprachen viel über Farben. Einmal fragte ich ihn: ›Wie macht man Gold?‹ Ja, so naive Fragen stellte ich. Es zog sich die ganze Nacht hin, dieses Gespräch über Gold, wie man es macht, wer es am besten gemacht hat und so weiter. Eine Woche oder länger war ich verrückt auf Gelb, dachte nur in Gelb, malte gelb.

Übrigens arbeite ich viel mit dem Schwamm, mit dem man bei Aquarellen eine starke Wirkung erzielen kann. Und wenn mir ein Blatt mißlungen ist, gehe ich damit zum Schwimmbecken – gewöhnlich ist es gutes Papier, das ich nicht verschwenden möchte – und reibe es kräftig ab. Egal, wieviel ich abwasche, es bleiben immer Spuren zurück. Dann drehe ich das gelöschte Bild herum und male etwas vollkommen anderes darüber. Der kaum sichtbare Hintergrund macht alles aus.

Diese Art der Technik hat einen philosophischen Bezug, etwas, das den Leuten, glaube ich, nie zu Bewußtsein kommt. Uns ist die eine große Fähigkeit gegeben, Dinge umzuwandeln. Wenn etwas mißlungen ist, muß man es wieder hinbiegen. Ich finde, das ist das Großartige an der Welt – daß sie verändert werden kann. Sie kann jede denkbare Umwandlung durchmachen. Der Mensch hat ein wenig von dieser Kraft in sich: sich etwas, das verloren und mißlungen ist, vorzunehmen und etwas Neues und Großartiges daraus zu machen.

Es kommt oft vor, daß ich zwei Figuren male. Und manchmal ist es schwer zu sagen, welche männlich und welche weiblich ist. Oft frage ich mich selbst, wenn ich eine Figur gemalt habe, ist das nun ein Mann oder eine Frau? Das spielt keine Rolle. Ich male etwas, das ich für einen Männerkopf halte und dann gebe ich der Figur Brüste, weil mir gleich ist, wem sie gehören. Manchmal sind die Brüste einfach für sich interessant.

Ich suche immer. Je länger ich George Grosz' Werk betrachte, desto mehr staune ich über seine Zeichenkunst und die Art, wie er Farben verwendet. So nimmt er große Flächen Orange, Schwarz, Grau oder irgendeiner anderen Farbe und zieht Linien hindurch, die sich genau einfügen. Er war ein Meister. Seine frühen Arbeiten waren brutal und eine Verdammung der deutschen Nation, des Volkes, des ganzen Volkes. Ich glaube, daß nicht einmal Goya die Spanier so hingestellt hat wie Grosz die Deutschen. Er hat ihnen ein Kainszeichen aufgebrannt. Seine Zeichnungen verdammen sie für alle Ewigkeiten. Wenn es auch erschreckend und brutal ist, so ist es doch ein ästhetischer Genuß.

In meinen Bildern ist nichts Satirisches, aber ich verwende eine Vielzahl von Symbolen. Gewisse Symbole kehren immer wieder. Eines ist der Davidstern, aber ich könnte nicht sagen, warum. Auch der Mond kommt häufig vor, ein Halbmond oder eine Sichel. Wahrscheinlich, weil das etwas Dekoratives ist. Aber ich habe überhaupt keinen *Grund,* warum ich ein bestimmtes Symbol verwende. Tatsächlich habe ich überhaupt keinen Grund, irgend etwas zu tun. Das ist das Interessante und Seltsame. Deshalb ist es schwer, über meine Malerei zu sprechen oder zu schreiben. Wenn ich mich hinsetze, um zu malen, weiß ich selten, was ich tun werde. Manchmal habe ich eine ungefähre Vorstellung. Ich möchte vielleicht eine Landschaft malen, aber dann wird daraus etwas völlig anderes. Mir ist immer klarer geworden, daß es für mich, nicht für jeden, aber für mich, der ich kein geborener Maler bin und kein Talent hatte, das beste ist, mich vom Instinkt leiten zu lassen, dem Pinsel zu überlassen, was ich tue. Genauso ist es beim Schreiben. Ich versuche, nicht zu denken. Ich versuche aufzudecken, was in mir ist, was offenbart werden will.

Es gibt alle möglichen Arten von Bildern, und natürlich gibt es verschiedene Schulen. Sie haben alle bestimmte Vorstellungen, nach denen sie sich richten. Die eine folgt dieser Richtung, die andere jener. Ich habe keine Richtung. Ich habe Kufen unter mir. Jedes Bild ist ein neues Abenteuer.

Astrologische Zeichen sind starke Symbole, und sie bedeuten mir etwas, aber ich bin zu faul, sie nachzuschlagen oder zu kopieren. Also male ich etwas aus dem Kopf, das mich an ein astrologisches Zeichen erinnert. Manchmal gelingen sie mir recht gut. Natürlich ist jedes Symbol etwas Aufregendes. In meinen Augen ist die symbolische Sprache die einzig wahre und dauerhafte. Die Sprache der Worte, durch die wir uns ver-

Mir waren die jüdischen Feiertage immer lieber als die christlichen. An Jom Kippur und Rosch HaSchannah verwende ich in meinen Aquarellen traditionelle hebräische Symbole. Durch die Worte kommt noch eine weitere Dimension hinzu.

Henry Miller – '62

Epreuve d'artiste (1)
Henry Miller – 1962

ständigen, ist äußerst begrenzt. Die symbolische Sprache ist immer da und wird es bleiben – sie ist unauslöschlich.

Ich male oft Fische, weil mir Fische leicht von der Hand gehen. Ich versuche mich nicht an etwas, das ich nicht kann. Ein Künstler, der eines meiner Bilder mit einem Fisch darauf betrachtet, mag sagen: ›Hören Sie, das paßt da wirklich nicht hin.‹ Wer will das wissen? Ich kann schwören, daß ich nie eine Ahnung hatte, warum ich einen Fisch in einem Bild haben wollte. Diese Ideen kommen mir automatisch. Etwas anderes hätte es vielleicht genauso getan. Aber so etwas regt mich nicht auf. Was mich oft aufregt, ist, daß die Leute sagen, ich male wie Marc Chagall. Ich bewundere Marc Chagall. Ich bewundere ihn sehr, aber ich habe nie daran gedacht, ihn zu imitieren. Man braucht wirklich kein großer Kenner zu sein, um den Unterschied zwischen mir und Chagall zu sehen.

Ich bin auch ein großer Bewunderer von Ucello und Seurat. Ich wünschte, ich hätte die Zeit und das Können, große, detaillierte Gemälde wie Seurat zu malen. Ich schätze noch viele andere Maler. Auch ein paar alte Meister gehören dazu. Andere wiederum, etwa Leonardo da Vinci, bedeuten mir nichts.

Manchmal grundiere ich das Blatt gerne im voraus und trage vielleicht mehrere Farbschichten auf, nicht bloß Blau oder Rot. Oft habe ich einen herrlichen Untergrund ausgearbeitet, bevor ich irgend etwas zu malen begann. Wenn das Blatt noch feucht war, um so besser. Es gefiel mir, wenn die Farbe verfloß, wenn sie sanft explodierte.

Ich kann Ihnen noch etwas erzählen, das Sie vielleicht überraschen wird. Es hängt viel davon ab, wieviel Zeit ich habe. Ich fing ungefähr eine Stunde vor dem Essen mit meinen Aquarellen an, gerade, wenn das Licht verblaßte. Manchmal will ich kein elektrisches Licht. Ich sehe auf meine Uhr. Ich habe noch zwanzig Minuten oder fünfzehn oder eine halbe Stunde. Danach richte ich mich beim Malen.

Gewöhnlich bin ich in Eile und will es kühn und schnell. Ich habe in zehn bis zwölf Minuten schon sehr gute Bilder zustande gebracht. Es ist wirklich erstaunlich, weil sie oft die besseren sind. Auch kommen die besseren immer dann zustande, wenn ich müde bin und glaube, fertig zu sein, nicht mehr weitermalen zu können. Dann sage ich mir: ›Ach, ich versuche noch eins!‹ Und das ist das geglückte. Wenn ich noch und noch Zeit habe und das richtige Papier und alles hübsch vor mir aufgebaut habe, kann ich nicht malen.

Die Farbzusammenstellung in meinen Bildern ist oft zufällig. Da ist eine gewisse Harmonie, die ich aber nicht direkt geplant habe. Ich weiß nicht immer, wie man eine Farbe gegen eine andere setzt. Ich hatte das Glück oder Pech, mit verschiedenen Malern zusammenzuleben, die etwas von Farben verstanden und sich vehement darüber ausließen. Aber ich konnte ihnen nie ganz folgen.

Die Maler, die es verstehen, mit Farben umzugehen, sind Kinder. Kinder sind unbekümmert und spontan, wenn sie malen. Sie drücken aus, was sie fühlen. Und das verstößt in gewisser Hinsicht gegen alle Regeln. Aber es funktioniert. Je älter ich werde, desto mehr wird mir bewußt, daß Kinder richtigliegen. Das Wichtigste ist, sich Überlegenheit anzueignen und im Alter den Mut zu entwickeln, das zu tun, was Kinder taten, als sie noch nichts wußten.

Es ist immer sehr wirkungsvoll, Grün auf Grün und Blau auf Blau zu setzen. Wenn man auf eine Kunstschule geht, bekommt man all das gesagt. Man weiß schon im voraus, was man tun kann und was nicht. Dann muß man alles vergessen, was man gelernt hat. Ich finde es viel besser, etwas selber herauszufinden, als es in der Schule zu lernen. Darum bin ich gegen Schulen im allgemeinen.

Während eines romantischen Intermezzos im Berliner Haus von Deutschlands bezauberndster Verlegerin, Renate Gerhardt, schuf ich zehn Radierungen.

In Big Sur wollte ich meine Kinder nicht zur Schule schicken, aber die Behörden ließen das nicht zu. Ich halte alle Schulen für destruktiv. Sie ersticken die Neugier und den Wunsch zu lernen. Alle Künstler werden in der Schule unterdrückt. Sobald ein Kind aus dem Kindergarten kommt, fängt die Gehirnwäsche an. Ich glaube, man ist besser dran, wenn man selber herausfindet, was man braucht. Warum Zeit mit Lernen verschwenden? Die meisten Menschen, die Künstler sein wollen, sind keine Künstler und werden sowieso unterwegs abfallen. Warum also nicht gleich den schweren Weg nehmen? Der Schulbesuch läßt die Illusion aufkommen, daß Wissen den Künstler ausmacht. Das ist so, wie wenn man fehlerlos Englisch schreiben kann. Mit der Kunst des Schreibens hat das allerdings sehr wenig zu tun.

Was bin ich? Soll ich ein Kritiker sein? Das bin ich nicht, erst recht nicht, wenn es sich um meine eigenen Arbeiten handelt. Ich weiß nicht, womit ich mein Werk in Beziehung bringen soll, wenn ich es betrachte. Wichtiger als alles andere ist mir einfach das Vergnügen, den Pinsel in die Hand zu nehmen und zu sehen, was geschieht. Das ist auch so etwas, dieser Ausdruck, ›was geschieht‹. Ich lasse die Dinge lieber geschehen, als daß ich plane und ausführe. Mein Werk zu beurteilen, zu kritisieren oder zu würdigen, ist Sache des Betrachters, nicht meine. Meine Sache ist mit dem Moment zu Ende, wo ich es getan habe.

Natürlich gibt es bestimmte Bilder, an denen ich mehr hänge als an anderen. Bei einigen tut es mir leid, daß ich sie weggegeben habe. Manche möchte ich behalten, weil ich sie einfach gerne ansehe. Man kann sagen, daß einige Bilder stärkere Beachtung finden als andere. Betrachter wollen in allem eine Bedeutung sehen. Sie wollen etwas hineinlegen, das sie suchen. Sie geben sich nicht damit zufrieden, das Bild als das zu nehmen, was es ist. Sie müssen es benennen, definieren, analysieren. Die Leute sagen, daß die Gesichter in vielen meiner Bilder meinem eigenen mehr oder weniger ähneln. Das stimmt. Ich kann nämlich nicht viele verschiedene Gesichter zeichnen. Manchmal würde ich gerne ein Gesicht malen, das diesen oder jenen Ausdruck trägt, aber ich weiß nicht, wie man das macht.

Ich erinnere mich, daß ich einmal versuchte, eine in der Atmosphäre treibende Stadt zu malen, aber ich glaube nicht, daß mir das gelungen ist. Das sind die Dinge, die mich beschäftigen. Oft sind es technische Fragen. Wie stellt man es zum Beispiel an, daß etwas so aussieht, als ob es treibt. Das meiste will mir anscheinend nur einmal gelingen. Wenn das anders wäre, könnte ich viel mehr ausdrücken. Erinnern Sie sich daran, was Hokusai mit fünfundsechzig Jahren sagte? Ich habe es am Anfang eines meiner Bücher zitiert. Er sagte, daß er mit fünfundsechzig gerade anfange, das Wie zu lernen, und er hatte schon seit seiner Jugend gemalt. Mit fünfundsechzig fing er an, Einblick zu gewinnen. Mit fünfundsiebzig würde er vielleicht ein bißchen mehr zuwege bringen und mit hundert, meinte er, würde ihm fast alles gelingen. Wohlgemerkt, mit hundert. Und er wurde tatsächlich fast hundert Jahre alt.

Man hat gesagt, daß ich meinem Werk kritischer gegenüberstehe als die meisten Künstler. Manchmal nehme ich es mir auch heraus, die Werke der alten Meister kritisch zu betrachten. Wissen Sie, was ich offen gesagt denke? Neunzig Prozent von dem, was man so die Werke der alten Meister nennt, gehört zum alten Eisen. Genauso ist es mit Büchern. Sehr wenig von dem, was der Mensch in der kurzen, nur ein paar tausend Jahre zählenden, Zivilisation genannten Zeitspanne hervorgebracht hat, besitzt irgendwelchen Wert für mich.
Die meisten Leute, die wissen, daß ich Schriftsteller und nicht Maler bin, meinen, es müßte mir einen riesigen Spaß machen zu malen, weil es offensichtlich ist, wie unbekümmert ich darangehe. Ich weiß zu wenig über Malerei, um einen Gedanken ausführen zu können oder eine Idee, die meine Rebellion gegen die Gesellschaft ausdrückt.
Ich weiß nicht, warum ich bestimmte Figuren überhaupt verwende. Vielleicht einfach, um den Platz auszufüllen. Ständig sagt irgend jemand zu mir: ›Ist das nicht dies oder jenes?‹ ›Ich sehe dies oder das.‹ Und ich antworte: ›Das sehen *Sie,* nicht *ich.*‹ Es besteht ein großer Unterschied zwischen Sehen und Schauen. Die Leute sehen bloß mit den Augen, aber sie schauen nicht mit dem Geiste, und die wahre Sicht ist die des Geistes. Wir sähen nicht, wenn der Geist nicht tätig wäre.
Zuweilen betrachten die Leute meine Bilder und fragen: ›Wieso ist da nichts Pornographisches, Obszönes in Ihren Bildern? Wie kommt das?‹ Ich weiß es nicht. Es kommt mir einfach nicht in den Sinn, wenn ich male. Ich male nicht aus Vorstellungen heraus. Meine Vorstellungen drücke ich beim Schreiben aus. Das Malen ist jeden Tag wieder etwas Spontanes. Was da herauskommt, kommt heraus.
Für mich zählt nur, ob etwas funktioniert. Das ist meine Haltung gegenüber der Wissenschaft. Übrigens glaube ich nicht an die Wissenschaft. Für mich sind neunzig Prozent davon Schwindel, aber die restlichen zehn Prozent funktionieren. Das trifft jedoch auf die Magie genauso zu! Und zwar funktioniert sie sowohl im Leben als auch in

der Arbeit. Es ist wirklich eine traurige Sache, daß jeder vorausplant, versucht, sein Schäfchen ins Trockene zu bringen, erfolgreich zu sein, anstatt sich der Magie zu überlassen, anstatt sich dem ›Es‹ zu überlassen, was auch immer das magische ›Es‹ ist. Laß ›es‹ für dich entscheiden, ›es‹ weiß es besser als du oder ich. Man sollte nicht fragen: ›Stimmt es? Wird es von Dauer sein?‹, sondern: ›Funktioniert es?‹ Das gilt fürs Malen genauso wie fürs Schreiben. Oft habe ich gerade dann, wenn ich mich nicht an die Regeln hielt, meine besten Passagen geschrieben.
Ich glaube nicht, daß Wissenschaft und Magie einander entsprechen. Sie sind entgegengesetzte Pole. Die Magie existiert seit frühester Zeit, die Wissenschaft erst seit gestern. Gestern kann zweitausend Jahre zurückliegen oder zehntausend Jahre. Jahre bedeuten nichts. Ich muß mich entschuldigen, wenn ich in einen dozierenden

Patchen Preface and Notes
for foreign editions of his prose
by his friend
Henry V. Miller

Henry Miller 4/68

1967 Henry Miller

Miller

For Hoki-San
Henry Miller
3/7/66

Henry Miller
2/4/66

WAWANA
For Hoki-Sama
Pour la bien-aimée
Henry Miller
48/66

KRAUT
Raté
SONNENAUFGANG
VERBOTEN
GÖTTINEN
Schmutzig
MAETERLINK
SCHMETTERLINK
KREBSEN
Henry Miller
9/15/66
Insomnia #4

Ton verfallen bin. Ich weiß nichts über diese Dinge. Aber das sind meine instinktiven Reaktionen. Ich bin ein Feind des Wissenschaftlers, und ich glaube, daß er *per se* unser Feind ist.

Zum Schluß muß ich Ihnen noch etwas über mich sagen, das vieles erklärt. Kein Mensch ist so chaotisch wie ich. Man hält mich für einen ordentlichen Menschen. Mein Haus ist ordentlich, und mein Arbeitstisch ist ordentlich. Aber in mir herrscht ein unbeschreibliches Chaos. Ich glaube nicht, daß ich kreativ sein könnte, wenn ich nicht derartig chaotisch wäre. Vor kurzem gruben Gelehrte eine alte Handschrift über vorbiblische Zeiten aus, in der es um die ersten Worte der Genesis über die Erschaffung der Welt geht. In dieser Handschrift heißt es, daß Gott Ordnung ins Chaos gebracht habe. Das ist etwas ganz anderes als Schöpfung. Gott hat Ordnung geschaffen. Mit anderen Worten, er hat *nichts* erschaffen.

Und so sehe ich den Künstler als einen Menschen, der die Dinge nur neu ordnet. Arthur Rimbaud sagt: ›Kein Mensch hat jemals etwas erschaffen.‹ Der Mensch ist kein Schöpfer. Er stellt die Dinge nur um, ordnet sie neu, mehr nicht.

Für mich war Sex
nie etwas Alltägliches.
Verbunden mit der Fotze
der Frau war immer
die Frau selbst. Und sie
war das Interessanteste
dabei.

PARIS

Zwei Jahre bevor ich mich dort niederließ, machte ich zusammen mit meiner Frau June meine erste Reise nach Paris. Das war 1928. Wir hatten genug Geld für fast ein Jahr. Ich erinnere mich noch ganz deutlich an meinen ersten Eindruck von Paris. Wir gingen in Le Havre von Bord, nahmen einen Zug nach Paris und kamen im Gare St. Lazare an. Schon der Gare mit seinem verglasten Dach und seinem großen *La Salle des Pas Perdus,* ›Halle der verlorenen Schritte‹, genannten Wartesaal war etwas Aufregendes für mich. Es ging sehr geschäftig zu – wir kamen um die abendliche Hauptverkehrszeit an –, und ich konnte gar nicht alles auf einmal aufnehmen. Ich war vollkommen verwirrt. Und ich sprach nicht Französisch. Kein Wort! Ich konnte ja, nein und danke sagen, aber das war auch alles.

Wie wir zu dem Geld kamen, um dieses Jahr in Europa zu verbringen, ist eine lange Geschichte. June, meine zweite Frau, setzte sich voll ein, um es mir zu ermöglichen, Schriftsteller zu werden. Als ich mein Werk – Kurzgeschichten und Prosagedichte, die ich selbst gedruckt hatte – nicht an den Mann bringen konnte, verkaufte sie es für mich in den Cafés von Greenwich Village und auf der Second Avenue. Dabei lernte sie verschiedene Männer kennen; einer davon war ganz vernarrt in sie und vermutlich so alt, daß er ihr Vater hätte sein können. Sie gab sich ihm gegenüber als Schriftstellerin aus, aber natürlich waren es *meine* Manuskripte, die sie ihm zeigte. Ich schrieb damals einen Roman, und sie ließ ihn immer mal ein paar Seiten daraus lesen. ›Ganz beachtlich‹, sagte er dann. ›Sie schreiben wie ein Mann. Sie haben große Aussichten!‹ Weil er nicht glaubte, daß sie den Roman jemals vollenden würde, versprach er ihr, wenn sie ihn zu Ende schriebe, genug Geld zu geben, daß sie für ein Jahr nach Europa gehen könnte. Natürlich wußte er nichts von mir. Und siehe da, ich schrieb den Roman zu Ende, und sie brachte ihn zu ihm, und wir bekamen das Geld für die Reise. Es war eines der Bücher, die nie veröffentlicht wurden. Ich glaube, es hieß Crazy Cock.

In jenen Tagen drehte sich unser Leben um Greenwich Village und die East Side, besonders die Second Avenue, wo all die ausländischen Cafés lagen. Als die Manuskripte sich nicht verkaufen ließen, beschlossen wir, mit importierten Süßigkeiten, die ich in einem Koffer herumtrug, hausieren zu gehen. Zuerst versuchte *ich,* sie zu verkaufen. Ich brachte kaum jemals etwas an den Mann und mußte alle möglichen Witze über mich ergehen lassen. Dann übernahm das June, die eine sehr gut aussehende Frau war, und natürlich hatte sie großen Erfolg. Manchmal verkauften wir in einer Nacht Süßigkeiten für fünfzig oder hundert Dollar.

Dann bekamen wir das Geld, um nach Europa zu fahren. Natürlich wußte der Mann, der es June gab, nicht, daß *ich* mitfahren würde. Er war verheiratet und hatte ein Geschäft, so daß er, selbst wenn er gewollt hätte, nicht mit ihr hätte fahren können.

Ich würde sagen, wir hatten etwa tausendfünfhundert, höchstens zweitausend Dollar, nicht mehr. Davon mußten wir auch die Überfahrt bezahlen. Wir nahmen ein Schiff, ein französisches Linienschiff – einen berühmten kleinen Kasten –, damals das Erste unter den französischen Passagierschiffen.

Nach ein paar Wochen verließen wir Paris und beschlossen, durch ganz Europa zu reisen. Wir kauften Fahrräder, und ich brachte June das Fahrradfahren bei. Wir radelten von Paris nach Marseille, wo June einen Unfall hatte, der dem Radfahren ein Ende machte. Manchmal nahmen wir einen Zug, liefen ein Stück und fuhren dann die Schleppwege der Kanäle entlang. Zum Mittagessen kauften wir uns ein Stück Salami, französisches Brot, Käse und Obst und aßen im Freien. Es war herrlich und kostete fast nichts.

Ich erinnere mich noch, wo wir abstiegen, als wir in Paris ankamen. Wir wohnten im Grand Hotel de la France auf der Rue Bonaparte, ganz in der Nähe der Beaux Arts. Ich sprach kein Französisch, aber ich hatte ein Taschenwörterbuch. Eines Tages, als uns das Bargeld ausgegangen war, schlug meine Frau vor, daß ich zu der Hotelbesitzerin gehen und fragen solle, ob sie uns etwas leihen würde. Ich sah im Wörterbuch nach, und anstatt zu sagen: ›Können Sie mir etwas

Notes on ~~Joan~~. June

Destructiveness: clothes, towels, shoes, socks, hats, expensive gowns, worn to shreds in no time, or ruined by cigarette holes, by spillt wine or gravy, or paint. Habit of doing what she likes regardless of what she has on--because it would cramp her style. Allowing others to wear her things and ruin them for her: fur coat, beautiful slippers, evening wraps, mantillasm scarves, etc. Mislaying, losing, having things stolen: purses, bracelets, pendants, costly kerchiefs, gloves, money. (Finding 50 dollar bills floating around on floor, staircase, in clothes closet, etc. where they had fallen out of bag in which they are usually carried all crumpled up, like used toilet paper. Hence super-cautiousness on my part in guarding own personal belongings which have a special personal value for me. Dictionary, for instnace, watching it each time Joan uses it so that it will not be dropped on floor, or leaves wrinkled, or pages cut out or torn. (Giving as excuse, sometimes, the fact that it is still unpaid for.) Traits such as this often observed in kept women who have never had to struggle to earn a living. (Emerging from theatre or restaurant with hat full of sawdust or plaster from floor or walls. Indifference!)

Money matters: always, everywhere, no matter under what circumstances~~,~~ we live, an accumulation of debts with tradespeople, friends, etc. Living always into the future, big plans for big coups, with only ridicule for saving, caution solid effort, etc. (All this petty, narrow, bourgeois, futile.) In order to liquidate small annoying debts gets involved in larger ones because of some scheme, a panacea, that will solve all financial problems.

Forbidden fruits: enchantment~~s~~ which drugs, vice, eccentricity, anti-social acts (murder, thievery, incest, etc.) have for both Vanya and Joan. Always a contempt for the normal, the sane, the thorough-~~gxn~~ going, the respectable. (also Richard, the homo following her like a puppy) Mother & daughter in love with each other, then falling in love with June and having jealous scenes. As witnessed by the degenerate Italian dope fiend

(Romany Marie, June Edison, Elba, Foots, Phyllis, all saying they could fall in love with her if she were not a woman!)

Geld leihen?‹, sagte ich: ›Kann ich Ihnen etwas Geld leihen!‹ Die *patronne* lachte und sagte: ›Natürlich!‹, aber ich bekam das Geld.

Als ich ein Jahr später allein nach Paris zurückkam, war ich sehr, sehr arm und wartete immer darauf, daß June mir etwas schickte. Das Restaurant, in das ich damals immer essen ging, ein sehr bescheidenes, nannte sich ›Le Gourmet‹ und lag in einer reizenden kleinen Straße, die direkt vom Place St. Sulpice abging. Das Essen war gut und kostete mit Wein und Nachtisch etwa siebenundzwanzig Cent. Man hatte eine Serviette mit einem Serviettenring, die man nach dem Essen in den Kasten legte; einmal in der Woche wurden die Servietten gewechselt. Nachdem ich ein paar Wochen lang dort gegessen hatte und wußte, daß ich es früher oder später nötig haben würde, fragte ich die Frau, die Besitzerin: ›Wenn ich in Geldverlegenheit wäre‹ – ich weiß nicht, wie ich es schaffte, all das zu lernen, aber ich lernte schnell – ›würden Sie mir dann Kredit geben?‹ Und sie sagte ohne weiteres: ›Ja, natürlich.‹ Ein paar Wochen später bat ich dann um Kredit und bekam ihn. Ich muß zwei Monate lang dort gegessen haben, und sie fragten mich nie nach Geld. Das war das Paris von 1930.

June war damals in New York und schickte mir Geld, wenn sie konnte. Sie hat als alles mögliche gearbeitet. Ich habe nie gewußt, wie sie es angestellt hat, an das Geld zu kommen, und ich habe nicht allzu genau gefragt. Sie schickte mir Geld, solange sie konnte, aber das dauerte nicht sehr lange. Aus irgendeinem Grund schaffte sie es nicht mehr, und ich stand ohne einen Cent da. Dann kam diese schreckliche Zeit, in der ich jeden Morgen aufstand, um ein ›freundliches Gesicht‹ zu suchen, jemanden, der mir ein Essen bezahlte, jemanden, der mich bei sich schlafen ließ, weil ich mir kein Hotel mehr leisten konnte.

Damals dachte ich nicht viel an ›Punz‹. Essen und ein Platz zum Schlafen waren wichtiger. Es war ein Alptraum. Das ging so über ein Jahr.

Dann traf ich eines Tages im Amerikanischen Club einen Mann, der sagte, daß ich seinem alten Pfadfinderführer ähnlich sähe. Er war Rechtsanwalt, sehr jung und wollte gerne schreiben. Er hatte in Yale studiert. Er war wie ein Vater zu mir. Als er hörte, daß ich auf der Straße lag, nahm er mich bei sich auf. Abends kochte ich immer für ihn. Ich erinnere mich noch an den großen glühenden Ofen, Schnee auf den Fensterscheiben – es war ein riesiges Arbeitszimmer. Ich hielt die Wohnung in Ordnung, machte Feuer und hatte alles fertig für ihn, wenn er von der Arbeit nach Hause kam.

Damals konnte ich kochen. Ich war kein phantastischer Koch, aber ich konnte ein Essen machen mit allem, was dazu gehört. Oft machte ich Eintopfgerichte.

Vier oder fünf Monate lebte ich bei ihm, und ich schrieb die ganze Zeit, selbst am Anfang. Natürlich schrieb ich damals keine Bücher. Ich schrieb Briefe, die sozusagen die Grundlage meiner Bücher waren. Ich schrieb Briefe an einen guten

Dies ist eines der vielen Notizbücher aus der Zeit, als ich zu schreiben und Gott und die Welt anzupumpen begann. Schließlich – vielleicht dreißig Jahre zu spät – bezahlte ich alle meine Gläubiger, die noch am Leben waren.

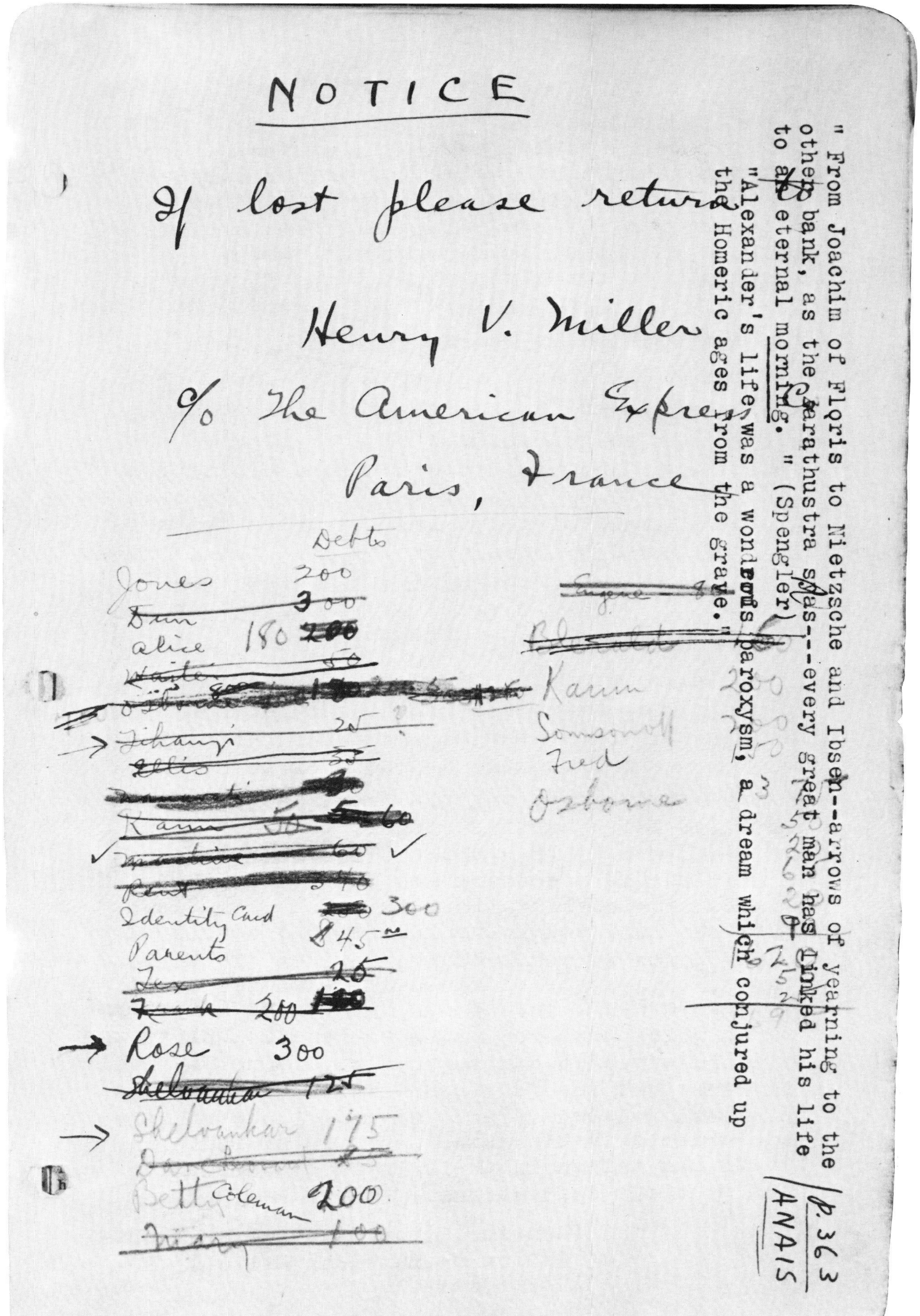

NOTICE

If lost please return to

Henry V. Miller

c/o The American Express

Paris, France

Debts

Jones 200
~~Dan 300~~
Alice 180 ~~200~~
~~Walter 50~~
~~[illegible]~~
~~[illegible]~~
→ ~~Tihanyi 25~~
~~Ellis 35~~
~~[illegible]~~
~~Kann 50 60~~
✓ ~~[illegible] 60~~ ✓
~~Rent 340~~
Identity Card 300
Parents $45.00
~~Tex 25~~
~~Frank 200 100~~
→ Rose 300
~~Shelvankar 125~~
→ Shelvankar 175
~~Dan [illegible] 25~~
Betty Coleman 200
~~Mary 100~~

~~Eugene [illegible]~~
~~[illegible]~~
Kann 200
Somsonoff 200
Fred 50
Osborne

"From Joachim of Floris to Nietzsche and Ibsen--arrows of yearning to the other bank, as the Zarathustra says--every great man has linked his life to an eternal morning." (Spengler)

"Alexander's life was a wondrous paroxysm, a dream which conjured up the Homeric ages from the grave."

p. 363
ANAIS

Freund zu Hause, den Maler, der mich zum Malen anregte, Emil Schnellock. Jetzt kommt gerade ein Band meiner Briefe an ihn heraus. Ich erzählte ihm jeden Tag, was ich erlebt, was ich über Paris entdeckt hatte. Viel von diesem Material ist im *Wendekreis des Krebses.*

Dann lernte ich Alfred Perlès kennen, der für die ganze Zeit, die ich in Paris verbrachte, mein guter Freund wurde. Fred wohnte in einem Hotel, einem sehr billigen Hotel, und ich wartete immer auf ihn, bis er von der Arbeit kam. Er war ungefähr um zwei Uhr nachts fertig. Ich wartete in einem Café auf ihn und ging dann mit ihm zu seinem Hotel. Damals war das in den billigen Hotels so, daß man draußen auf einen Knopf drückte, worauf die Tür aufsprang. Wenn man dann am Portiersfenster vorbeiging, rief man seinen Namen und die Zimmernummer hinein. Und während Fred seinen Namen nannte, schlich ich auf leisen Sohlen hinter ihm her, damit der Nachtportier mich nicht hörte. Dann mußte ich mit Fred in einem Bett schlafen. Stellen Sie sich das vor!

Wenn er morgens zur Arbeit ging, legte Fred mir Geld für Frühstück auf den Kaminsims. Wenn jemand 'reinkam, mußte ich so tun, als ob ich ihn gerade besucht hätte. Das ging so lange, bis er mir einen Job als Korrektor bei der *Chicago Tribune* besorgte. Die Bezahlung war schlecht. Gewöhnlich ging der ganze Wochenlohn an einem Abend für ein gutes Essen und einen Kinobesuch drauf.

Schließlich beschlossen wir, eine kleine Wohnung in einem Vorort von Paris zu mieten – Clichy hieß der Ort. Ich schrieb später ein kleines Buch über diese Zeit – *Stille Tage in Clichy*. Es ist jetzt verfilmt worden. Nach einiger Zeit

Das ist Alfred Perlès, mein lustiger Gefährte der Pariser Jahre. Wie er da in seinem Zimmer auf Zypern sitzt, sieht er kaum einen Tag älter aus als zu der Zeit, da ich ihn im Café du Dôme in Paris kennenlernte. Das war 1928. Sein Motto ist und war schon immer: ›Nur mit der Ruhe‹.

schafften wir uns Fahrräder an und radelten samstags und sonntags aufs Land hinaus.
Wir saßen viel in Cafés herum, im Dôme und im Select, im Rotonde und anderen. Wenn wir pleite waren, studierten wir die Ankunftszeiten der Schiffe. Es gab immer irgendwelche Studentinnen, junge Amerikanerinnen, die in den Ferien nach Paris kamen. Wir lernten, uns ihnen zu nähern. Sie luden uns zum Essen ein und liehen uns Geld. Hin und wieder ließen sie sich auch von uns vögeln.
Frauen.... es gab immer eine Menge Huren. Sie machten es damals ziemlich billig. Ich schätze, daß sie heute ungefähr zwanzigmal soviel nehmen. Genauso ist es mit Zimmern. Perlès' Zimmer – eine elende Bude, kein Bad, Toilette im Flur und so weiter – kostete, wenn ich mich nicht irre, drei Dollar fünfzig oder vier Dollar die Woche. Wissen Sie, was sie heute für ein Zimmer in einem ähnlichen Hotel verlangen? Etwa zehn Dollar pro Tag. Pro *Tag!*
Es gab immer eine Menge Huren, und wir freundeten uns mit einigen an. Da war Mademoiselle Claude, über die ich eine Geschichte geschrieben habe. Sie war ziemlich außergewöhnlich. Und Germaine, über die ich im *Wendekreis des Krebses* schrieb. Sie hat mir nicht wirklich etwas bedeutet. In der Zeit, in der ich als Korrektor bei der *Chicago Tribune* war, gingen wir nach der Arbeit immer in ein kleines Bistro in der Nähe essen. Das Hinterzimmer war gerade groß genug für vielleicht ein Dutzend Gäste. Wir machten ungefähr um zwei Uhr nachts Feierabend, und das war die Zeit, wenn die Huren Schluß machten und sich mit ihren *maqueraux* trafen.
Im Hinterzimmer dieses Bistro kamen wir alle zusammen und aßen. Ich entsinne mich an das algerische Mädchen mit den riesigen Augen, eine sehr gut aussehende Hure, die auch außerordentlich belesen war. Manchmal sprach sie mit mir über Proust, Paul Valéry, André Gide und andere. Sie kannte deren Werke genau.
Einmal traf ich sie an ihrem freien Abend. Ich hatte auch gerade meinen freien Abend. Das war in einer Bar auf dem Montmartre. Ich sehe, daß sie stockbesoffen ist. Ich mag dieses Mädchen, und ich will nicht, daß ihr irgend etwas zustößt, also schlage ich ihr vor, sie nach Hause zu bringen. Ein paar Blocks weiter, direkt vor einem berühmten Bordell, einem sehr bekannten Puff, der von zwei Engländerinnen geführt wurde, kommt es ihr in den Sinn zu pissen. Sie hockt sich hin, direkt vor diesem Laden, und macht einen Bach, der in den Rinnstein fließt. Ich denke, ich seh' nicht recht, als sie auch noch kackt. Dann kommt ein Bulle vorbei und droht, uns einzulochen. Irgendwie brachte ich es fertig, ihm das auszureden. Ich entschloß mich, sie in ein Taxi zu setzen und nach Hause zu schicken. Sie heulte wie ein Schloßhund.
Ich kann mich nicht erinnern, mir in Paris jemals einen Tripper geholt zu haben, dafür machten mir meine Hämorrhoiden schwer zu schaffen. Ich wurde sie erst Jahre später los, als ich in Berkeley einen großartigen Darmspezialisten kennenlernte. Nachdem ich ein paarmal bei ihm gewesen war, sagte er zu mir: ›Wissen Sie, ich glaube, Sie brauchen sich keine Sorgen mehr darum zu machen. Wenn es wiederkommt, beunruhigen Sie sich nicht. Denken Sie nicht daran. Es wird vorbeigehen. Vor allen Dingen, versuchen Sie, sich keine Gedanken deswegen zu machen.‹ Ich nahm mir seinen Rat zu Herzen und hatte nie mehr irgendwelche Beschwerden dieser Art.
Wie ich schon sagte, waren Alfred Perlès und ich in jener Zeit unzertrennliche Freunde. Er besuchte mich fast jeden Tag, und oft mußte ich für ihn kochen. Wenn es sein mußte, konnte ich für fünf oder sechs Personen kochen. Wenn wir ein paar Mädchen zum Essen da hatten, beschafften wir uns immer irgendwie einen ausgezeichneten Wein. Oft waren wir schon nach dem Essen betrunken. Perlès war ein ziemlicher Clown. Eines Abends, als er betrunken war, provozierten die

Mlle. Claude war eine charmante Prostituierte aus der Gegend von Touraine, in die ich eine Zeitlang verliebt war und über die ich meine erste, in Samuel Putnams ›New Review‹ veröffentlichte Geschichte schrieb.

Paul Morand's "New York" 67

p. 218 Jews: "Et pas de Juifs! s'écrie" ce peuple égalitaire. A mesure que l'Europe abat ses barrières sociales, l'Amérique élève les siennes. Les préjugés de race s'y accroissent d'année en année, bien que les Américains aiment peu à s'expliquer là-dessus et que la presse n'en souffle mot... Des immeubles achetés par des Juifs déclassent un quartier."

Gave Mlle Claude
all but this page
of my notes on "New York"
together with the book
which was the first
French book I tackled.
Used to read it in the
Hotel St. Germain-des-
Pres before retiring.

Exchanged for a good lay!

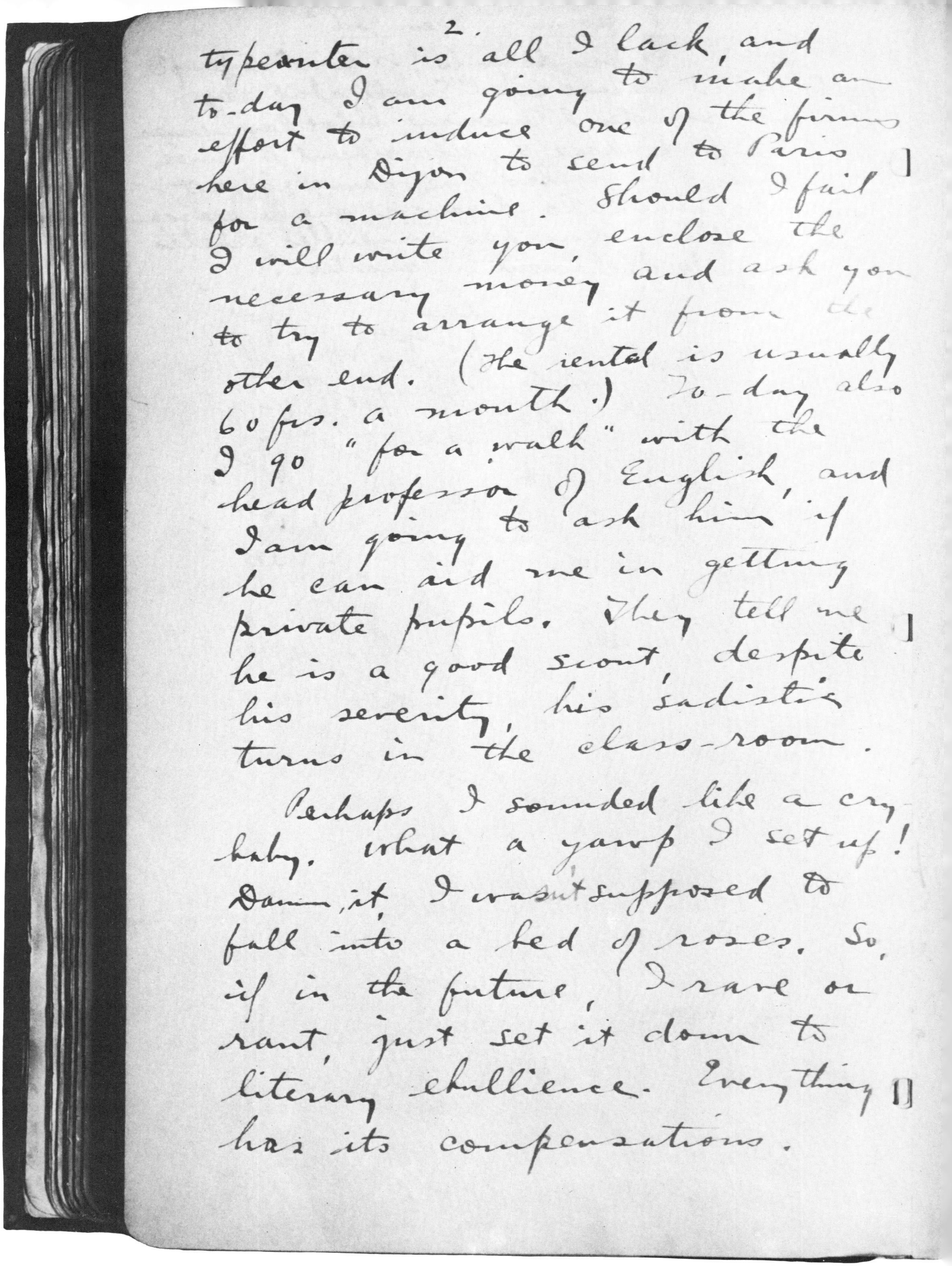

2.

typewriter is all I lack, and to-day I am going to make an effort to induce one of the firms here in Dijon to send to Paris for a machine. Should I fail I will write you, enclose the necessary money and ask you to try to arrange it from the other end. (The rental is usually 60 frs. a month.) To-day also I go "for a walk" with the head professor of English, and I am going to ask him if he can aid me in getting private pupils. They tell me he is a good scout, despite his severity, his 'sadistic' turns in the class-room.

Perhaps I sounded like a cry-baby. What a yawp I set up! Damn it, I wasn't supposed to fall into a bed of roses. So, if in the future, I rave or rant, just set it down to literary ebullience. Everything has its compensations.

Als ich den Job als Englischlehrer am Lycée Carnot in Dijon annahm, war mir nicht klar, daß ich nur Unterkunft und Verpflegung erhalten würde – keine Bezahlung. Auch bildete ich mir ein, daß die Schule mir eine Schreibmaschine zur Verfügung stellen würde. Natürlich taten sie das nicht.

Typical idiotic letter from Madeleine. And she has never returned the MSS. 17

resentative
idley, Paris
uin, Paris
tz, - Berlin

Madeleine Boyd
48 East 49th Street
New York City

Telephon
Wickersham 2
Cable Add
Bravboyd, New

January 14, 1932.

Mr. Henry V. Miller,
Hotel Central,
Paris.

Dear Henry ~~M~~iller:

I am still sending your things around. They are so good I think there is a chance of their being sold. When I finally do give up hope of selling them I will return them to you.

Your last letter was very amusing and I would have answered it but I was in the country at the time recuperating from an automobile accident.

George Buzby came in to see me today and enjoyed reading your letter. I see Betty Salemme Occasionally.

Very sincerely,

Madeleine Boyd

Joe — add her to our list of "half-wits"!

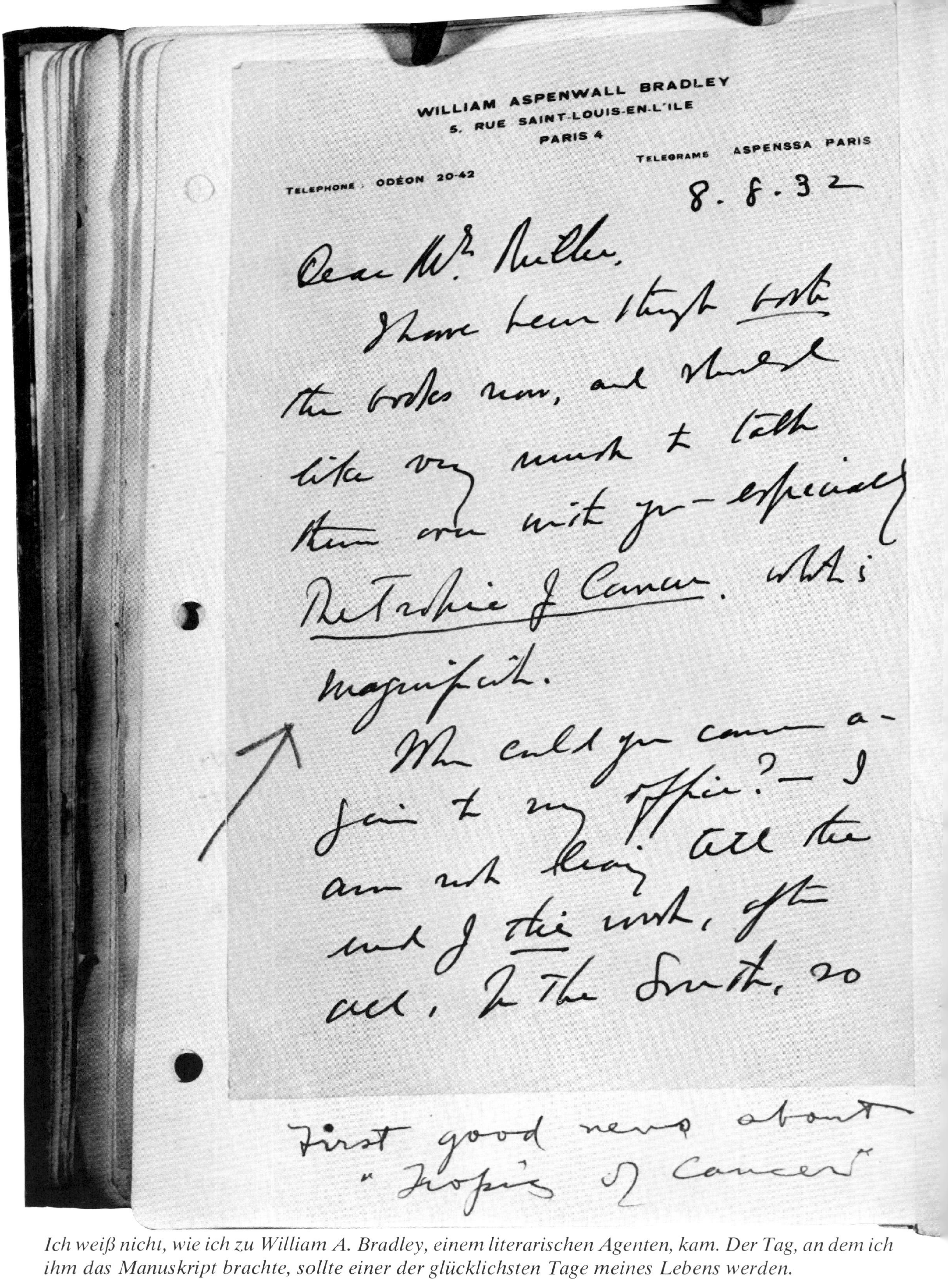
WILLIAM ASPENWALL BRADLEY
5. RUE SAINT-LOUIS-EN-L'ILE
PARIS 4

TELEGRAMS ASPENSSA PARIS

TELEPHONE: ODÉON 20-42

8. 8. 32

Dear Mr. Miller,

I have been through both the books now, and should like very much to talk them over with you – especially The Tropic of Cancer, which is magnificent.

When could you come around to my office? – I am not leaving till the end of this month, after [illegible] for the South, so [illegible]

First good news about "Tropic of Cancer"

Ich weiß nicht, wie ich zu William A. Bradley, einem literarischen Agenten, kam. Der Tag, an dem ich ihm das Manuskript brachte, sollte einer der glücklichsten Tage meines Lebens werden.

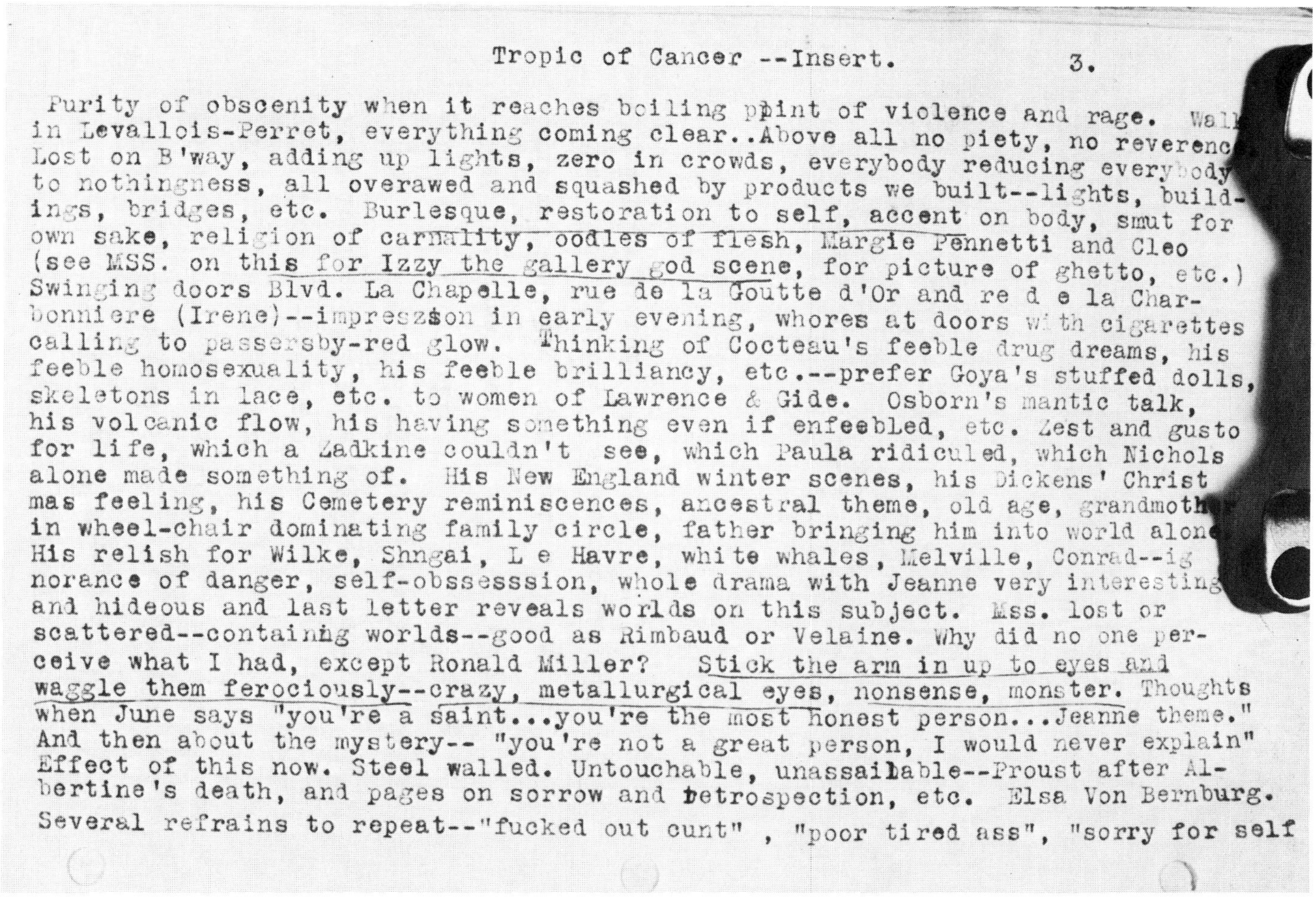

Tropic of Cancer --Insert. 3.

Purity of obscenity when it reaches boiling ppint of violence and rage. Wal[k] in Levallois-Perret, everything coming clear..Above all no piety, no reverenc[e] Lost on B'way, adding up lights, zero in crowds, everybody reducing everybody to nothingness, all overawed and squashed by products we built--lights, buildings, bridges, etc. Burlesque, restoration to self, accent on body, smut for own sake, religion of carnality, oodles of flesh, Margie Pennetti and Cleo (see MSS. on this for Izzy the gallery god scene, for picture of ghetto, etc.) Swinging doors Blvd. La Chapelle, rue de la Goutte d'Or and re d e la Charbonniere (Irene)--impreszson in early evening, whores at doors with cigarettes calling to passersby-red glow. Thinking of Cocteau's feeble drug dreams, his feeble homosexuality, his feeble brilliancy, etc.--prefer Goya's stuffed dolls, skeletons in lace, etc. to women of Lawrence & Gide. Osborn's mantic talk, his volcanic flow, his having something even if enfeebled, etc. Zest and gusto for life, which a Zadkine couldn't see, which Paula ridiculed, which Nichols alone made something of. His New England winter scenes, his Dickens' Christmas feeling, his Cemetery reminiscences, ancestral theme, old age, grandmoth[er] in wheel-chair dominating family circle, father bringing him into world alon[e] His relish for Wilke, Shngai, L e Havre, white whales, Melville, Conrad--ignorance of danger, self-obssesssion, whole drama with Jeanne very interesting and hideous and last letter reveals worlds on this subject. Mss. lost or scattered--containing worlds--good as Rimbaud or Velaine. Why did no one perceive what I had, except Ronald Miller? Stick the arm in up to eyes and waggle them ferociously--crazy, metallurgical eyes, nonsense, monster. Thoughts when June says "you're a saint...you're the most honest person...Jeanne theme." And then about the mystery-- "you're not a great person, I would never explain" Effect of this now. Steel walled. Untouchable, unassailable--Proust after Albertine's death, and pages on sorrow and retrospection, etc. Elsa Von Bernburg. Several refrains to repeat--"fucked out cunt" , "poor tired ass", "sorry for self

Mädchen ihn, sich auszuziehen. Gesagt, getan. Beim Umhertanzen und Hopsen warf er ein paar Gläser um. Dann fängt er an, Hitler zu imitieren, was er sehr gut konnte. Und wie er so umherstolziert, rutscht er aus und fällt in die Scherben. Bald blutet er von Kopf bis Fuß. Alle lachen, auch Perlès, der mittlerweile blutverschmiert ist. Als die Mädchen gegangen waren, legte ich ihn auf die Couch im Arbeitszimmer. In der Nacht fiel er von der Couch 'runter. Im Morgengrauen wachte er in einer Lache aus Blut und Kotze auf. Er lachte immer noch, als er sich aufrappelte, um ins Badezimmer zu gehen.

Heute ist das Leben so ganz anders.

Im *Wendekreis des Krebses* habe ich alles erzählt, wie und wo ich in Paris lebte. Ich zog von einer Straße zur andern, von Hotel zu Hotel, von Wohnung zu Wohnung, ich lebte von einem Tag zum andern. Ich hatte keine feste Adresse. Morgens ging ich ohne einen Cent in der Tasche den Boulevard de Montparnasse entlang, vorbei am Dôme, am Select und Rotonde und hielt, wie ich immer sage, nach einem freundlichen Gesicht Ausschau. Ich fing an, wie ein Verbrecher in den Gesichtern der Menschen zu lesen. Ist *das* mein Mann? Ist *das* der Bursche, der mir helfen wird? Ich konnte die Leute recht gut einschätzen. Gewöhnlich waren die, die mir halfen, Amerikaner oder Engländer, hin und wieder Russen. Selten Franzosen.

Ich erzählte alle möglichen Lügen, was mir nicht das geringste ausmachte. Selbst heute noch kann ich, wenn es sein muß, lügen, ohne mir etwas dabei zu denken. Ich empfinde gewisse Lügen als harmlos. Eine Lüge, die nicht darauf abzielt, jemandem zu schaden, eine Lüge, mit der man sich in der Not schützt, ist, denke ich, entschuldbar. Nein, ich hatte deswegen nie Gewissensbisse. Natürlich habe ich viele große Geschichten erzählt. Wenn man an eine Zeit zurückdenkt,

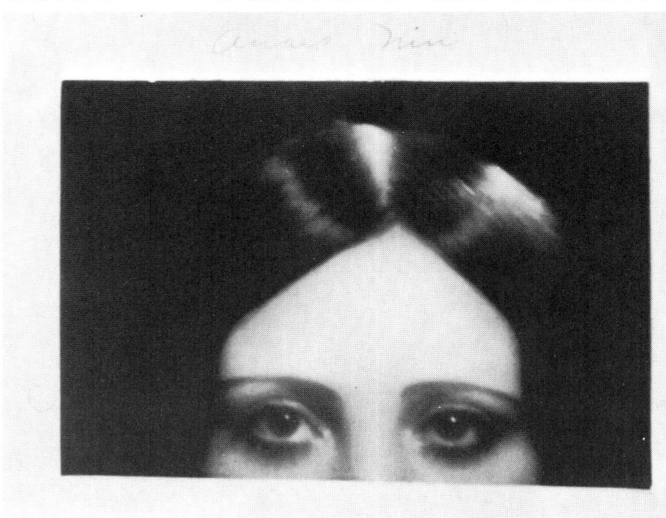

die so entscheidend war, in der das Leben an einem Faden hing, erinnert man sich nicht mehr, was man genau getan und gesagt hat, weil es aus dem Augenblick heraus geschah, spontan und ehrlich war. Selbst wenn es eine Lüge war, war es wirklich. Es wird aus dem Gedächtnis gelöscht. Ich hatte nie eine bestimmte Masche. Es war nicht meine Art, eine Masche zu entwickeln. Ich handelte immer intuitiv, instinktiv.

Irgendwie, ich weiß nicht mehr, wie, machte ich die Bekanntschaft eines sehr berühmten Literaturagenten von Paris. Er war selbst ein bekannter Schriftsteller, William Aspenwall Bradley. Ich hatte ihm zuerst ein anderes Buch gezeigt, von dem er nicht viel hielt – eines, das ich in Amerika geschrieben hatte. Und dann zeigte ich ihm das neue – den *Wendekreis des Krebses* –, und er war sofort begeistert. Er sagte, daß nur einer auf der ganzen Welt es wagen würde, es zu veröffentlichen, und das sei Jack Kahane, der Verleger der Obelisk Press. Jack Kahane kam aus Birmingham. Er hatte viele Jahre in Paris gelebt und die Stadt zu seinem Zuhause gemacht. Er verlegte hauptsächlich pornographische Bücher, von denen er die meisten unter einem Pseudonym selber schrieb. Hin und wieder brachte er einen guten Schriftsteller heraus wie zum Beispiel Joyce. Als Bradley ihm das Manuskript des *Wendekreis des Krebses* brachte, sprach er sofort darauf an. Er zeigte es seinen französischen Freunden, Schriftstellern und Kritikern, um ihre Meinung zu hören. Es schlug überall ein, aber niemand glaubte, daß man es veröffentlichen könnte. Alle hielten es für zu gewagt, sogar für

Ich habe oft gesagt, daß ich in Frankreich die Atmosphäre fand, die ich zum Schreiben brauchte. Was ich nicht gesagt habe, ist, daß es die schöne und begabte Anaïs Nin war, die mich zum Schreiben ansporte. Als ich sie kennenlernte, war sie, wie ich, unbekannt. Inzwischen haben ihre Romane und Tagebuchbände sie in der ganzen Welt berühmt gemacht. Im Laufe der Jahre haben wir uns gegenseitig inspiriert – aber ich schulde ihr mehr als sie mir.

Frankreich. Es dauerte zwei oder drei Jahre, bis er sich schließlich entschloß, eine Veröffentlichung zu riskieren. Es war Anaïs Nin, die das Geld für den Druck zur Verfügung stellte.

Während das Buch im Druck war, schlug Kahane mir vor, ein kurzes Buch über D. H. Lawrence zu schreiben. Ich hatte nie daran gedacht, ein solches Buch zu schreiben, obwohl ich mich sehr für Lawrences Werk interessierte. Kahane dachte es sich so, daß mein zweites Buch etwas anderes sein, etwas, das meinen literarischen Ruf festigen sollte. Ich protestierte heftig. Dann sagte er: ›Nun, Sie können doch bestimmt hundert Seiten über Lawrence, Ihren Lieblingsautor, schreiben, nicht wahr?‹ Widerwillig sagte ich ja. Ich fing also an, Material zu sammeln. Nachdem ich einen Berg von Notizen gemacht hatte, schrieb ich ungefähr achthundert Seiten und gab es dann auf. Ich konnte die Sache nicht zu Ende bringen. Ich war vollkommen verwirrt.

Ich glaube, ich merkte auf einmal, daß Lawrence und meine Lebensanschauungen ziemlich auseinandergingen. Mir schien, daß Lawrence das Sexuelle zu wichtig nahm. Jedenfalls brachte mich diese kleine Aufgabe, hundert Seiten oder so zu schreiben, vollkommen aus dem Gleichgewicht. Ich hätte mir nie träumen lassen, daß ich mich in einem Labyrinth finden würde, aus dem es keinen Ausgang gab. Ich versetzte mich so in Lawrences Gedankengänge, daß ich nicht mehr wußte, welche seine und welche meine waren. Ich fand ihn voller Widersprüche, wie mich selbst. Ich war so besessen, daß ich Tag und Nacht nicht aufhören konnte, Notizen zu machen. Ich hatte ständig einen Notizblock bei mir. Und in Restaurants schrieb ich auf Papierservietten.

Diese Erfahrung hat mich etwas gelehrt. Am Ende schrieb ich genau das Gegenteil von dem, was ich am Anfang gesagt hatte. Ich war absolut verwirrt, trotzdem schrieb ich einige sehr gute, in sich geschlossene Kapitel. Ich bezweifle, daß ich es jemals wieder versuchen werde, über Leben und Werk eines Menschen zu schreiben.

Ich halte Sex für etwas sehr Natürliches, wie Geburt oder Tod. Ich finde nicht, daß dieses Thema besondere Berücksichtigung verdient. Sex macht einen großen Teil des Lebens aus – das halbe Leben, wenn Sie wollen, aber ich sehe keinen Grund, so großes Gewicht darauf zu legen. Lawrence hat das jedoch getan. Das Sexuelle hat eine große Rolle in seinem Leben gespielt. Ich glaube, er hat irgendwo gesagt, daß man auf zweierlei Art zur Erlösung gelangen könne, einmal durch die Religion, zum andern durch den Sex. Nun, ich halte den Sex nicht für eine befreiende Kraft. Lawrence, so scheint mir, hat ihm eine unheilige Bedeutung beigemessen. Ich kann seine Haltung, die in einer Auflehnung gegen die Moral seiner Zeit begründet lag, verstehen, aber er ist zu weit gegangen. Er hat den Sex zu einem Evangelium gemacht und einen Anhängerkreis gefunden, was ihn lächerlich erscheinen ließ. Er war immer uneins mit seinen Anhängern und hat sie im Grunde seines Herzens wahrscheinlich alle abgelehnt.

Wenn Lawrence mich gelesen hätte, wäre er vermutlich von meiner Schreibweise, von der Art, wie ich das Sexuelle in meinen Büchern behandele, abgestoßen gewesen. Nie hätte er sich der Sprache bedient, derer ich mich bedient habe. Wenn man ihn heute liest, wirkt er so unschuldig, so kindlich. Er hatte etwas von einem Puritaner an sich. Ich vielleicht auch. Ich setze dieses Vokabular der Gosse nicht wahllos ein. Es gibt eine Zeit und einen Ort dafür. Oder die richtige Stimmung. Ich spreche nicht dauernd vom Ficken, Scheißen, Schwanz und Futt wie vielleicht ein Lastwagenfahrer. Intellektuelle neigen dazu, diese Sprache um der Wirkung willen anzuwenden. Dafür habe ich nur Verachtung übrig.

Dieser Plan macht deutlich, warum ich dieses Buch über D. H. Lawrence nie zu Ende brachte. Ich verirrte mich in einem selbstgeschaffenen Dschungel. Ich kam zu dem Schluß, daß ich nur eine Geschichte erzählen konnte, nämlich meine eigene. Während ich etwa achthundert Seiten schrieb, machte ich die traurige Entdeckung, daß mein Idol nicht der war, für den ich ihn gehalten hatte.

WORLD OF LAWRENCE
(DIVISION OF BOOK)

No Sign of Bud Anywhere!
(Wisdom based on sense of death)
"the sum of all deadness we may call human"

I CREATIVE PERSONALITY (Producing "individual in conflict with world")

1. Meaning = duality of being, conflict, war
   a. Hatred of his precursors (Jesus, etc.) because they fixed the current ideology
   b. Hatred of humanity = because it prevents growth of new man (F.H.L)
2. Type = MYSTIC (rooted in mystery) = { Womb = World / Womb = Grave / Birth = Death }
   a. Prophet of doom – apostle of death
   b. Saviour = Resurrection – new Heaven + Earth; Hatred of humanity + precursors } Love + Hate; Masochism
   c. Goal = (Elimination of Sin (Atonement – cosmic union); (is after fundamental human values) } Crown; apocalypse
3. Particular manifestation = Dionysian Artist (self-sacrifice)
   a. Role of Death = fertility (omophagia)
   b. Continuity of life + death (PHENIX)
4. Vision = new type of man ("religious + godless") = theomorphic
   a. Oneness with Cosmos
   b. Profound optimism – faith in life
   c. Vitality thru acceptance of death
   "Vision comes first – vision men live by!"
5. Pathologic Elements { Schizoid / Bi-sexual / Narcissist } Puritanism; Englishness
   a. Value of Abnormality (Murry) ("abnormal = the primitive friend")
   b. Function: invisible pattern of his life + work
   c. Conquest of Neurotic Self (or Romantic Idealist) = Restoration of a lost unity
   d. Productive, progressive, unfolding life
   * Role of Art = "proper metaphysical task" (the problem of …)
   e. Release through mother's death – the "tragic" view; (Realization of freedom from Woman)
   e. Shock of War gives realization of role = { Father / Destroyer } = ARTIST – DEATH AND RESURRECTION
   ("I reject this time; I will live outside these false personal times, etc.")
   f. Rainbow marks beginning of proper career = "artist of dying centuries"
   g. Murry situation – failure of friend + man – must go alone!
   h. Violence = Obscenity and Art
   "Never mind, the tragic is the thing – learn to live alone!"

1. Portrait
I. Personality – (2) Conflict { Schizoid / Bi-sexual }
Duality
Mystic { Vision { Serene / Resurrection / Purification } / Atonement }
(3) Pathologic { Genius – Abnormal / Function + Values / Invisible Pattern / Creative vs. neurotic }
(4) Artist { Dionysian / Self-sacrifice – Fertility / Creative life }
(5)

ART – Purpose of life … ; Beyond man; Spirit … masculine
Realities

TRANSITION
Let him bring forth hope who can!

DISCOVERY OF THE "SELF"
Holy Ghost

III HIS PHILOSOPHY (life wisdom) = Resolution of Conflict (always black + white) and apotheosis
Spiritual transformation thru passionate experience = Truth
Relative Absolute = Dual philosophy { The Crown = Antagonism; Holy Ghost vs. God }

Soul versus Mind or Spirit
Faith versus Science
Religion versus Psychology
Mystery versus Knowledge
Wisdom versus Systematic Philosophy
Myriad Selves vs. Immortal Ego
Dark gods vs. Baseness Vertebrates
Cosmic Self vs. Scientific microcosm
Impersonal freedom vs. Liberty
Aristocracy of Soul vs. Democracy
Power versus Service
Death versus Immortality (living death)
Sacred Body vs. … Phallic Worship
Angels vs. Worms
War vs. Peace
Being vs. Becoming
Unfolding vs. Idealism
Holy Ghost (self) vs. Absolute God
to make god real = psychological; not remote and absolute

Celestializing of his egocentricity = …
Humanizing process = microcosmizing of universe

SACRED BODY

The phenomenon of the body – prime phenomenon (transition) – prime reality
The mystery of Sex = Death and Transfiguration
"Passion, curiosity, experience = religion of the life worshiper = vital instincts (blood)

"MAN"

The Phoenix = Dionysus
To conserve life instinct
To destroy fungoid era
Self sacrifice = omophagia

IV SYMBOLIC SIGNIFICANCE
I ANTI-FATE: Symbolic figure of man vs. fate (sadism)
Unable to change world or man he changes himself
Failure in life – triumph in art
Universalizes unique experience
Spiritual immortality vs. Resurrection
II Creates new forms + Symbols (new tyranny)
Dual Role of Creator – Destroyer
Beyond death thru Art
Beyond life thru Wisdom } Atonement
III + Kingdom of heaven is within – Q.E.D.
We want the Symbol – the manifestation!
IV Man above Art = to revive art he creates new man!
No life without art = art precedes Religion
V New Forms to come = creation at joints
The tragic age = race of Dionysian artists
Man is a corpse-eater: the magic survival
VI No communication possible, no giving of wisdom!
Clue to universe is individual soul = individual conflict
Aristocrats of the Spirit

II CONFLICT WITH REALITY (his Destiny) = ART AND LIFE
Individual vs. Collectivity
I Oedipus theme – flight (to escape tragic fate) = to know the world – Destiny
   a. His works express pain of conflict = Isolation – Individuation
   b. Expression enables him to solve the riddle of Therapeutic Wisdom
II His interpretation of Fate – through his creative works – How to be able to die!
   a. Spenglerian picture of decline – civilization (White Peacock = "painted fungus")
   "We are long ghosts, shadows of our self"
   Bankruptcy of art – end of genius cult
III b. Individual against Collectivity { Rebel / Anarch / Individual }
   WOMB = GRAVE; WORLD OF FORM
   Hero versus Hunger Death (Man's goal) = "to build a world"
   c. "Artist must cast aside false finery of 'cultured' man
   War on existent forms and ideologies
   'The whole form must go!'"
3. Realization of Destiny (Fantasia) = "to bring forth hope!"
   a. Conversion from Romantic Rebel to life-giving philosopher = Wisdom
   b. Resurrection converted to "personal" triumph – stops "godding" and becomes God (Plumed Serpent) – Individual Solution for the Aristocrats of Spirit
   C. Conceives "new man" without guilt, sin, neurosis
IV Genesis of his books = thru personal problems
thru conflict with { World / Society / Institutions / Ideals / Customs / Religion } { Machine / Totem + Taboo / War / Science / Education / Psychology / Economics / Capitalism / Money }
VI "Stop the Judas = Jesus business"! (Murry) { Deification / Hero Worship / Symbol Idolatry / "God business" }
V. Judgment, Criticism (through his "running away" he gets to know the world)
Attitude towards art: his criterion = TRAGIC ART
Obscenity + Art
He sees only what he wants to see!
Comes back from the wilderness to overthrow the world!
Reversal of all values – the Avenger – Strange (Sadist = Attila)

MASOCHISM
the Son (and lover) of man
SACRIFICE
SADISM
Fungoid Era
Dual characters
narcissism
Tragi-Comic
Symbolic figure

May 1912, according to Murry, when he met the woman who was to be his wife "who enters now into the very substance of his work and remains in it to the end" marks the end of the first period of L's life and work, and the beginning of the second. Of these clearly marked period there were four. The first ends with his mother's death; the second begins with his meeting with his wife and ends with the end of the War; the third begins, roughly, with his leaving England in 1919 and ends with his abortive return to England at the end of 1925; the fourth and last period ends with his death, on March 3rd, 1930.

1. Sons and Lovers – White Peacock + Sons + Lovers
2. Rainbow + Women in Love (Crown)
3. Higher Savage Pilgrimage (Aaron's Rod, Kangaroo)
4. Discovery of Self – Wisdom { Fantasia / Plumed Serpent / Lady Chatterley }

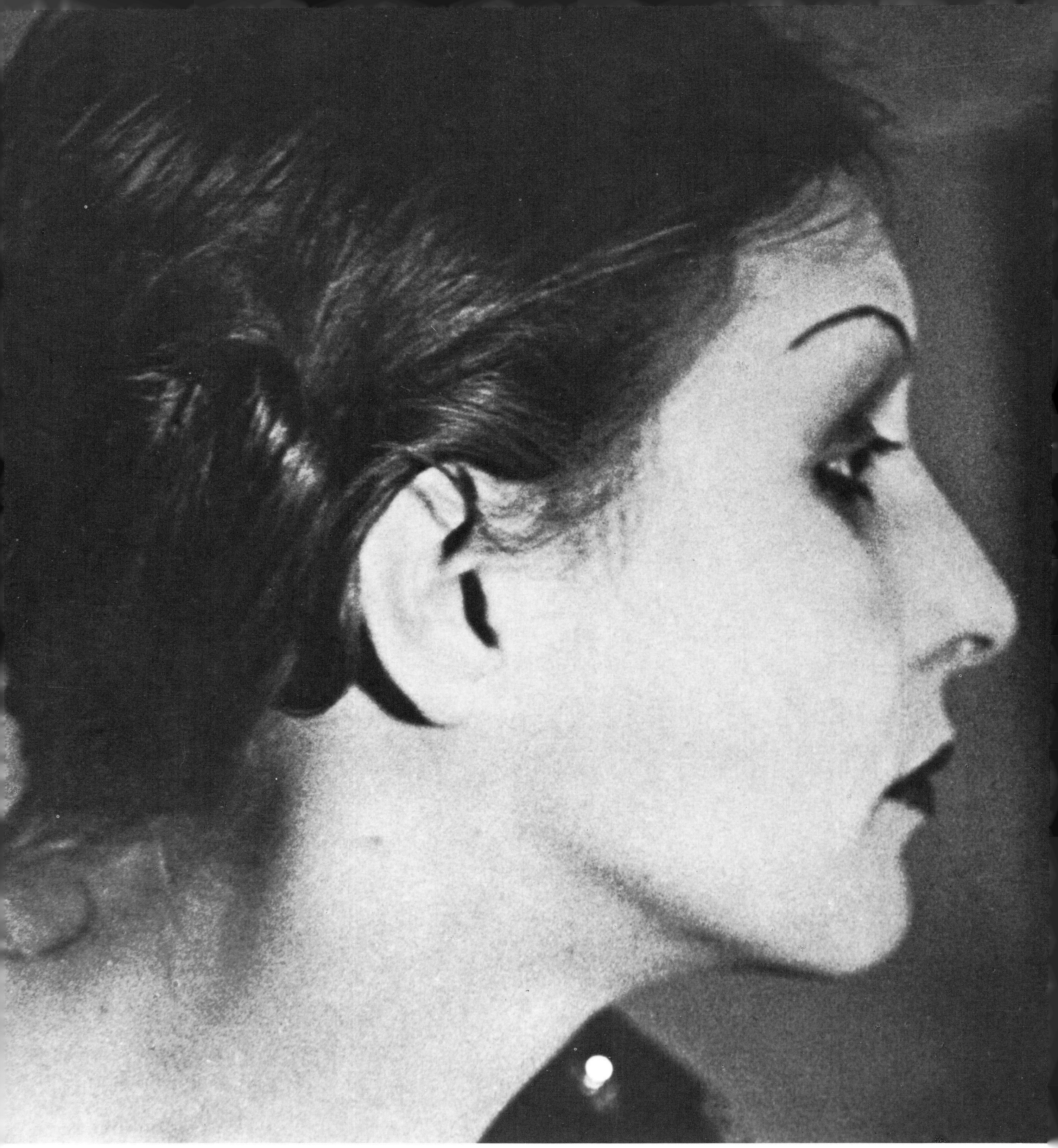

June war eine Frau von impulsiven Entschlüssen. Dieser Zettel, den ich eines Tages an die Wand geheftet fand, beendete eine stürmische und unglaublich romantische Beziehung, die fast ein Jahrzehnt gedauert hatte.

Übernächste Seite. In der Villa Seurat 18 wohnte im Parterre der Maler Soutine und oben ein junger Schweizer Fotograf namens Arnaud de Maigret, der versuchte, sich mit seinen Bildern einen Namen zu machen.

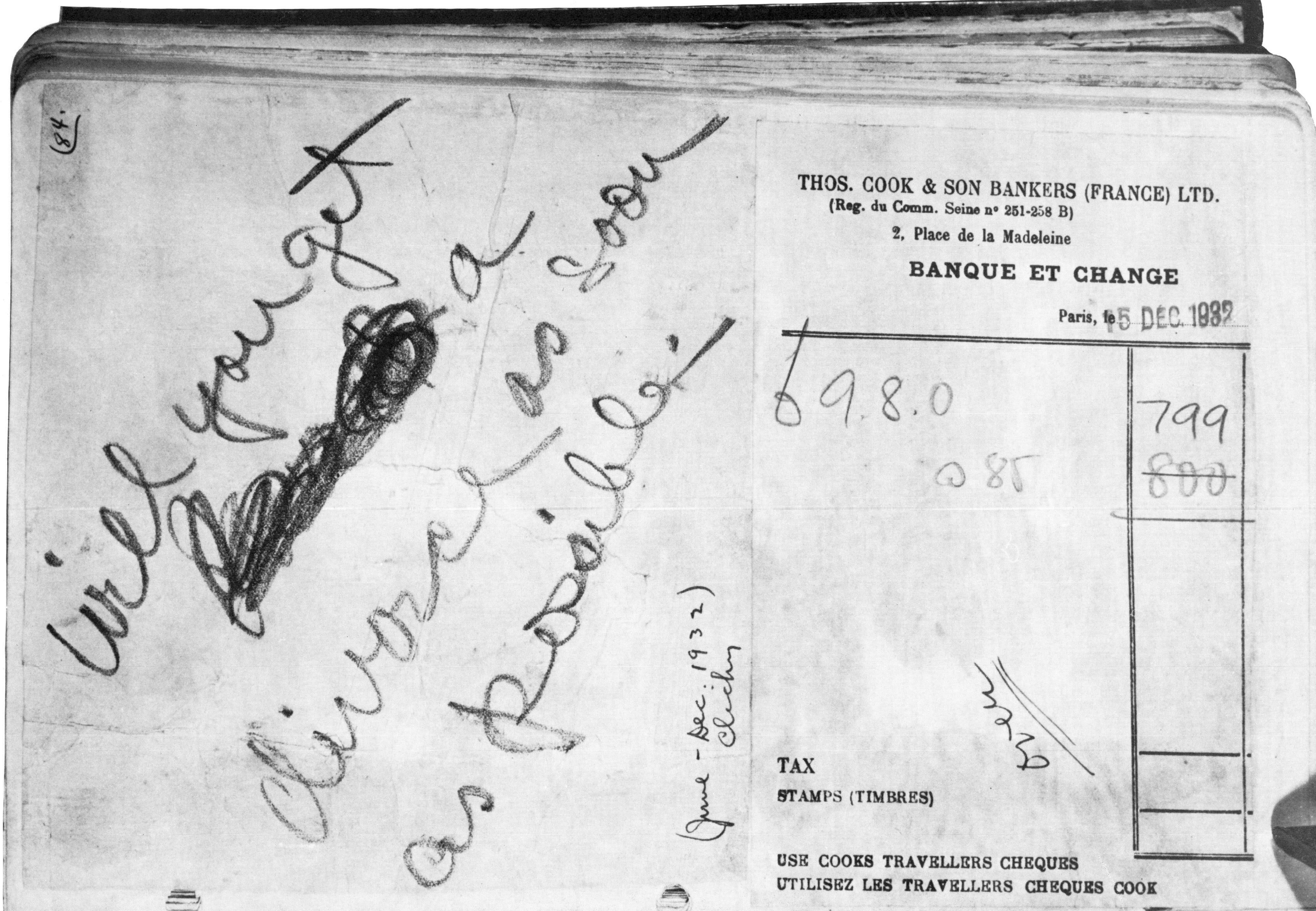
(84.
will you get [struck-out word] a divorce as soon as possible
(June - Dec. 1932)
Clichy
THOS. COOK & SON BANKERS (FRANCE) LTD.
(Reg. du Comm. Seine n° 251-258 B)
2, Place de la Madeleine
BANQUE ET CHANGE
Paris, le 15 DEC. 1932
9.8.0
@ 85
799
800
TAX
STAMPS (TIMBRES)
USE COOKS TRAVELLERS CHEQUES
UTILISEZ LES TRAVELLERS CHEQUES COOK

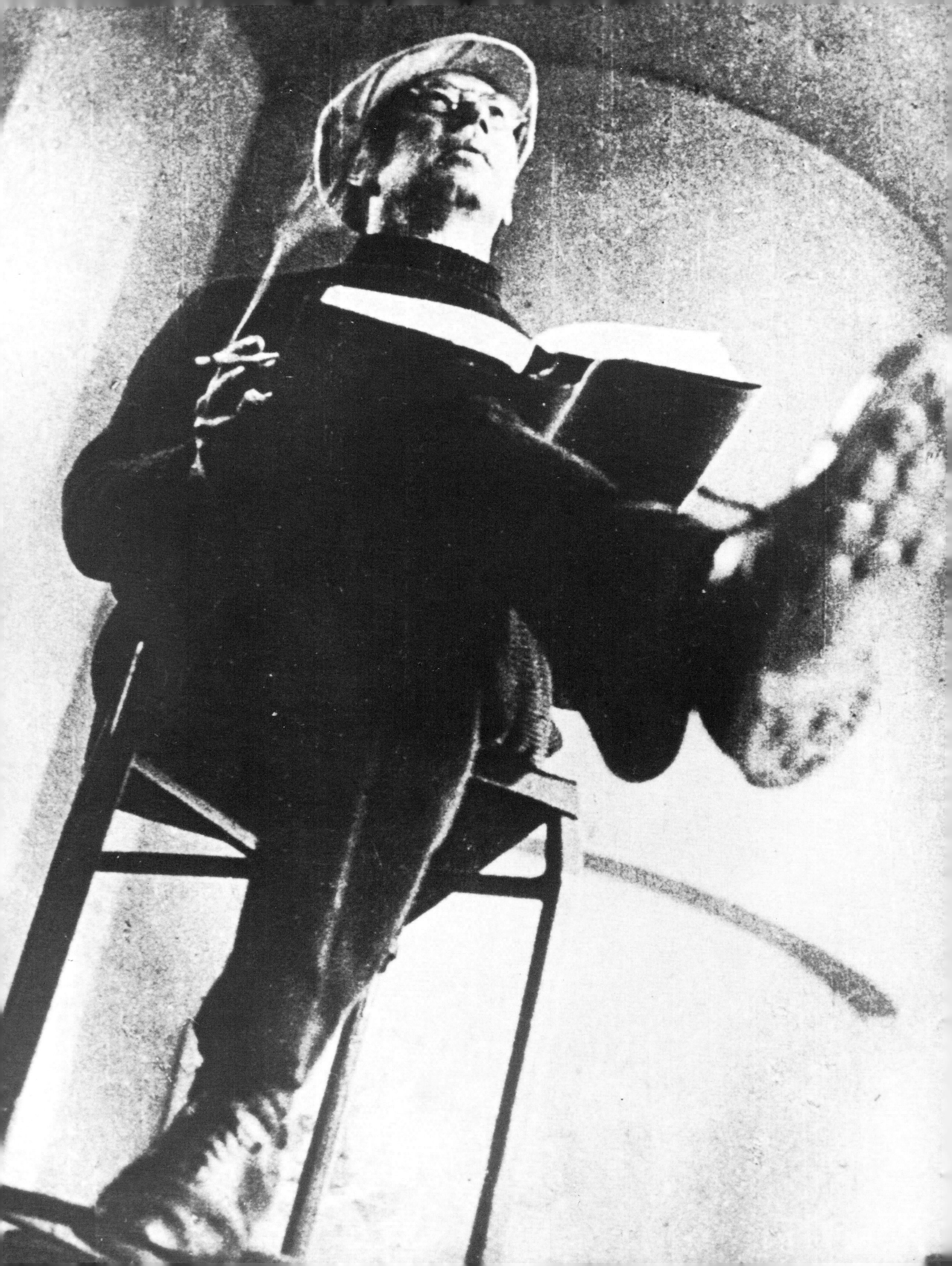

Black Spring

Reminiscences of toilets ...

Sitting opposite the Dance place (Wilson's) — on steps of comfort station next to kiosk. Then on steps of theatre, opposite "N. V. A." — the great afternoon life on Spring day. — the cunts, the bums, the movement, the despair and futility. NEW YORK

Toilets: Wiping ass with "Little Caesar" in French — "Passions" series at 6 francs! Quote chapter headings and occasional lines. What I think of contemporary American literature — toilet paper!

I suffer from a uterine hunger. Was born under-nourished — with a voracious and insatiable appetite. This in connection with ~~Tante Melia~~ ~~— her~~ — eating dung — bringing her food and a drop of Kümmel!

Während der kurzen Zeit, in der ich als Korrektor für die Pariser Ausgabe der ›Chicago Tribune‹ arbeitete, kaufte ich mir ein Fahrrad, mit dem ich nicht nur jeden Abend zur Arbeit fuhr, sondern unter anderem auch nach Malmaison, Louveciennes und St. Denis.

Von Paris ging ich nach New York und dann nach Hollywood. Dies ist mein letztes Auftreten mit einem Borsalino oder irgendeinem anderen Hut.

Hin und wieder kam June für ein paar Wochen herüber. Als ich in Clichy lebte, waren wir immer noch verheiratet. Das war '33 oder '34. 1934 zog ich in die Villa Seurat; an demselben Tag, an dem ich dort einzog, kam mein Buch heraus – *Wendekreis des Krebses.* Zu der Zeit hatte June mich schon verlassen.
Drüben schien alles so viel einfacher. Hier in Kalifornien spielt die Entfernung eine große Rolle. Selbst Hausangestellte brauchen einen Wagen. In Paris hatte keiner von den Leuten, die ich kannte, einen Wagen. Es war schon etwas Besonderes, ein Taxi zu nehmen. Die ganze Atmosphäre war anders. Es gab keine Entfremdung oder geistige Isolation. Wir standen immer miteinander in Verbindung. Ich lebte in einem fremden Land, und schon allein dadurch fühlte ich mich außerordentlich frei.
Der Mann, mit dem ich mich in Paris am häufigsten unterhielt – wir hatten *phantastische* Gespräche –, war Michael Fraenkel, mit dem ich die *Hamlet*-Briefe schrieb. In der ersten Zeit nahm er mich für eine Weile bei sich auf. Fraenkel war ziemlich geschäftstüchtig. Er spekulierte an der Börse und machte ein kleines Vermögen mit dem Verkauf von Büchern.
Er war ein Schriftsteller und Dichter, ein sehr intensiver Mensch mit einem glänzenden Verstand. In vieler Hinsicht paßten wir gut zusammen, besonders im Gespräch. Die Wohnung, in der ich die letzten vier Jahre in Paris verbrachte, hatte ich von ihm gemietet. Er wohnte unter mir im Erdgeschoß. Oft weckte er mich zum Frühstück. Dann bereitete ich das Frühstück – er hatte von nichts eine Ahnung –, und wir fingen an zu reden. Dann machte ich ihm Mittag- und Abendessen. Manchmal wurde es Mitternacht, bevor er ging. Natürlich waren das *anstrengende* Gespräche.
Sein Lieblingsthema war der Tod. Er hat ein Buch geschrieben, das *Bastard Death* hieß. Fraenkels Grundidee war, daß man mit den Dingen fertig werden muß. Man muß durch den Tunnel hindurch, bis man wieder zum Licht kommt. Er sagte immer, der einzige Tod sei der ›Tod im Leben‹, nicht der wirkliche physische Tod. Das war sein Hauptthema. Aber er hatte viele Themen. Er war ein Metaphysiker und Logiker.
Und wie unsere Meinungen auseinandergingen! Das war es ja gerade. Das ganze Buch, *Hamlet,* war eine unaufhörliche Auseinandersetzung – von fast tausend Seiten. Er gehörte zu den Menschen,

die glauben, man könne einen Disput gewinnen. Ich spielte mit. Ich war nur darauf bedacht, die Flammen zu schüren. Ich liebe Gespräche um ihrer selbst willen, egal, was dabei herauskommt. Fraenkel wollte immer sicher sein, daß ich ihn verstanden hatte – ›Kannst du mir folgen? Verstehst du, was ich meine?‹ Und so weiter. Er gab sich wie ein Lehrer.

Wir standen gut fünf Jahre miteinander in Verbindung. Dann verließ er Frankreich und ging nach Amerika zurück, und dort starb er. Es zeichnete sich ab, daß es Krieg geben würde, und jedes Jahr glaubten die Leute, im nächsten würde es soweit sein. Das ging vier oder fünf Jahre lang so. Jedes Jahr kehrte ein neues Kontingent im Ausland lebender Amerikaner nach Hause zurück, aus Angst, daß es über Nacht losgehen würde.

Antonin Artaud – was für eine großartige Gestalt in jenen Tagen – war schon ziemlich verrückt, als ich Bekanntschaft mit ihm machte. Ich saß mit ein paar Freunden auf der Terrasse des Dôme, den Rücken zum Bürgersteig. Wir lachten herzhaft über etwas, das irgend jemand gesagt hatte. Plötzlich schlägt mir jemand mit einem Spazierstock kräftig auf beide Schultern. Ich drehe mich um, und es ist Artaud. Er hatte gedacht, wir machen uns über ihn lustig.

Léger kannte ich recht gut. Ich entsinne mich nicht mehr, wie ich ihn kennengelernt habe, aber ich erinnere mich sehr wohl, daß er mich, als Frankreich besetzt war, manchmal in sein New Yorker Apartment zum Essen einlud. Abe Rattner lernte ich in Paris kennen, aber ich weiß nicht mehr wie. Wir wurden gute Freunde. Ich halte ihn für einen großen Maler. Ich kannte Matisses Sohn Pierre, den mit der Galerie in New York, aber dem alten Herrn bin ich nie begegnet.

Während meiner Zeit in Hollywood (1940-42) lernte ich Man Ray, den schon damals berühmten Maler-Fotografen kennen. Bei einer zwanglosen Sitzung in seinem Studio machte er diesen Schnappschuß von mir. An dem Foto ist nichts gestellt. Ich wußte nicht einmal, daß sich die maskierte Nackte hinter mir befand. Als ich ihre Hand auf meinem Kopf spürte, hatte er schon auf den Auslöser gedrückt.

Eigentlich hatte ich nicht beabsichtigt, in Paris zu leben. Als ich New York 1930 verließ, wollte ich nach Spanien gehen, aber dahin kam ich erst viele Jahre später. Nein, ich hatte nicht daran gedacht, in Paris zu leben. Ich war zwei Jahre zuvor dagewesen, und es hatte mich nicht sonderlich beeindruckt. Ich glaube, wenn man irgendwo eine schreckliche Zeit durchmacht und nicht davonlaufen kann, lernt man, die Situation zu akzeptieren. Und dann entdeckt man die Schönheiten um sich herum. Und so entdeckte ich, inmitten meiner Armut und meines Elends, Paris, das französische Wesen und noch vieles andere, wofür ich ewig dankbar bin.

Für manche Leute ist es schwer zu verstehen, wie man sich des Lebens freuen kann, wenn man ganz unten ist. Und doch glaube ich, daß das die wichtigste Erfahrung ist, die ich je gemacht habe, ohne irgend etwas dazustehen, ohne irgendeinen Rückhalt, vollkommen auf mich selbst gestellt. Dann lernt man, von einem Tag zum andern zu leben. Sicher, man leidet, man fühlt sich elend, aber es ist so interessant und so faszinierend, daß man mit allen Sinnen lebt. Man richtet sich nach seinen Instinkten, ganz wie ein Tier. Das ist eine große Erfahrung für uns überzivilisierte Menschen, ein Raubvogel zu sein, ein Tier, jede Mahlzeit gierig herunterzuschlingen, zu betteln, immer wieder gedemütigt zu werden, es hinzunehmen, hinuntergestoßen zu werden und dann wieder aufzuspringen. Jeder Tag, den man durchkommt, ist so etwas wie ein Wunder.

Als der *Wendekreis des Krebses* in Frankreich verlegt wurde, brachte mir das wenig Geld ein. Am Anfang verkaufte es sich sehr langsam. Erst als die GIs hinkamen und das Buch entdeckten, fing es an, sich gut zu verkaufen. Da war Jack Kahane aber schon tot. Er starb an dem Tag, an dem der Krieg erklärt wurde. Sein siebzehn Jahre alter Sohn Maurice übernahm den Verlag. Während des Krieges konnte er mir kein Geld schikken – es war verboten, Geld außer Landes zu schicken. Wir hatten auch keine schriftliche Verbindung, aber ein paar Monate nach Kriegsende erhielt ich einen Brief von Maurice. Ich habe diese Geschichte schon oft erzählt – wie ich in einer kleinen Hütte unten am Ozean lebte, einer Hütte, für die ich sieben Dollar Miete im Monat zahlte. Es war eine der Sträflingshütten. Dann kommt dieser Brief, mit der Nachricht, daß ich etwa 40000 Dollar an Tantiemen guthabe. Ob ich kommen würde, um mir das Geld zu holen, weil es immer noch unmöglich sei, es zu schicken. Aber ich fuhr nicht hin. Ich stand schon schlecht mit meiner Frau, und der Gedanke, mit ihr nach Paris zu fahren, es nach all den Jahren mit jemandem zu sehen, der mit mir in nichts übereinstimmte, nun, ich fand, daß es sich nicht lohnte. Ich lasse es darauf ankommen, sagte ich mir. Das Geld wird nicht weglaufen.

Inzwischen erfuhr ein guter Freund von mir, der damalige französische Generalkonsul in Los Angeles, Raoul Bertrand, von der Sache und sagte, er wolle sehen, was er für mich tun könne. Schließlich bekam ich einen Teil des Geldes, und mit diesem Betrag konnte ich das Haus in Big Sur kaufen, das ich noch immer besitze.

Als ich aus Paris zurückkehrte, war mein Vater todkrank. Er starb langsam an Prostatakrebs. Ich kam genauso arm aus Europa zurück wie ich hingefahren war. Ich glaubte, meine Mutter hätte kein Geld, aber ich fand später heraus, daß sie eine ganze Menge beiseite gelegt hatte. Sie ließ mich nie etwas davon wissen und tat immer so, als ob sie keinen Cent hätte. Zum Beispiel ließ sie meinen Vater nicht einmal Zigaretten kaufen. Sie sagte, das schade seiner Gesundheit. Stellen Sie sich das vor – bei einem Mann, der an Krebs stirbt, was machte das da schon aus? Ich mußte ihm heimlich Zigaretten zustecken. In dieser Zeit, in der mein Vater starb, lernte ich ihn wie nie zuvor kennen. Wir kamen dazu, einander vollkommen zu verstehen. Er war ein Mann, der viele Freunde hatte und allgemein geschätzt war.

Dann wurde es Zeit für die Reise, die später der *Airconditioned Nightmare* wurde. Mit mir fuhr Abe Rattner, mein Malerfreund aus Paris. Der Doubleday Verlag wollte das Buch bringen. In Natchez, Mississippi, erhielt ich ein Telegramm, daß mein Vater im Sterben lag. Ich nahm sofort ein Flugzeug nach New York zurück, aber ich kam zu spät. Er starb in einem jüdischen Krankenhaus. Unsere alten Hausärzte waren alle weggestorben, und meine Mutter mußte einen jüdischen Arzt rufen. Für meine Mutter war es ein schrecklicher Gedanke, daß er in einem jüdischen Hospital gestorben war. Es scheint, daß er glücklich gestorben ist. In seinen letzten Augenblicken erzählte er den Schwestern, was für ein guter Sohn ich ihm gewesen sei, was nicht ganz stimmte.

Meine erste Bekanntschaft mit dem Tod war der Anblick einer toten Katze im Rinnstein. Ich muß damals ungefähr fünf Jahre alt gewesen sein. Das war mein erster großer Schock, glaube ich – der Anblick dieses starren, schon verwesenden Kadavers.

Tod. Das ist etwas Faszinierendes für mich geworden, weil ich mir in den letzten zehn Jahren voll bewußt geworden bin, daß ich eines Tages sterben werde. Bis dahin habe ich kaum jemals an meinen Tod gedacht. Was ich dazu meine? Was ich darüber denke? Niemand weiß irgend etwas über den Tod! Keiner ist jemals wieder aus dem Grab zurückgekehrt. Ich habe solch einen starken Glauben an das Leben, daß ich mir sein Nichtvorhandensein schwer vorstellen kann. Ich betrachte den Tod als einen Übergang von einer Existenzform in die andere. Vielleicht gibt es so etwas wie Seelenwanderung, aber wenn es das gibt, glaube ich nicht, daß es so ist, wie die Menschen sich das vorstellen.

Etwas, das existiert hat, verschwindet nicht, es verwandelt sich. Ich habe keine Angst vor dem Tod. Manchmal ist er mir sogar willkommen. Wenn ich im Bett liege und mich sehr gut fühle, dann denke ich zuweilen: ›Jetzt ist die Zeit zu sterben. Ich fühle mich großartig, erfüllt. Laß ihn jetzt kommen. Ich bin bereit.‹ Und so lebe ich jetzt mit ihm wie mit einem wartenden Gefährten. Als der heilige Franziskus starb, sagte er: ›Bruder Tod, ich habe dich ganz vergessen. Ich muß ein Gedicht auf den Bruder Tod schreiben.‹ Wie herrlich, so zu sterben! Ungefähr so stehe ich zum Tod.

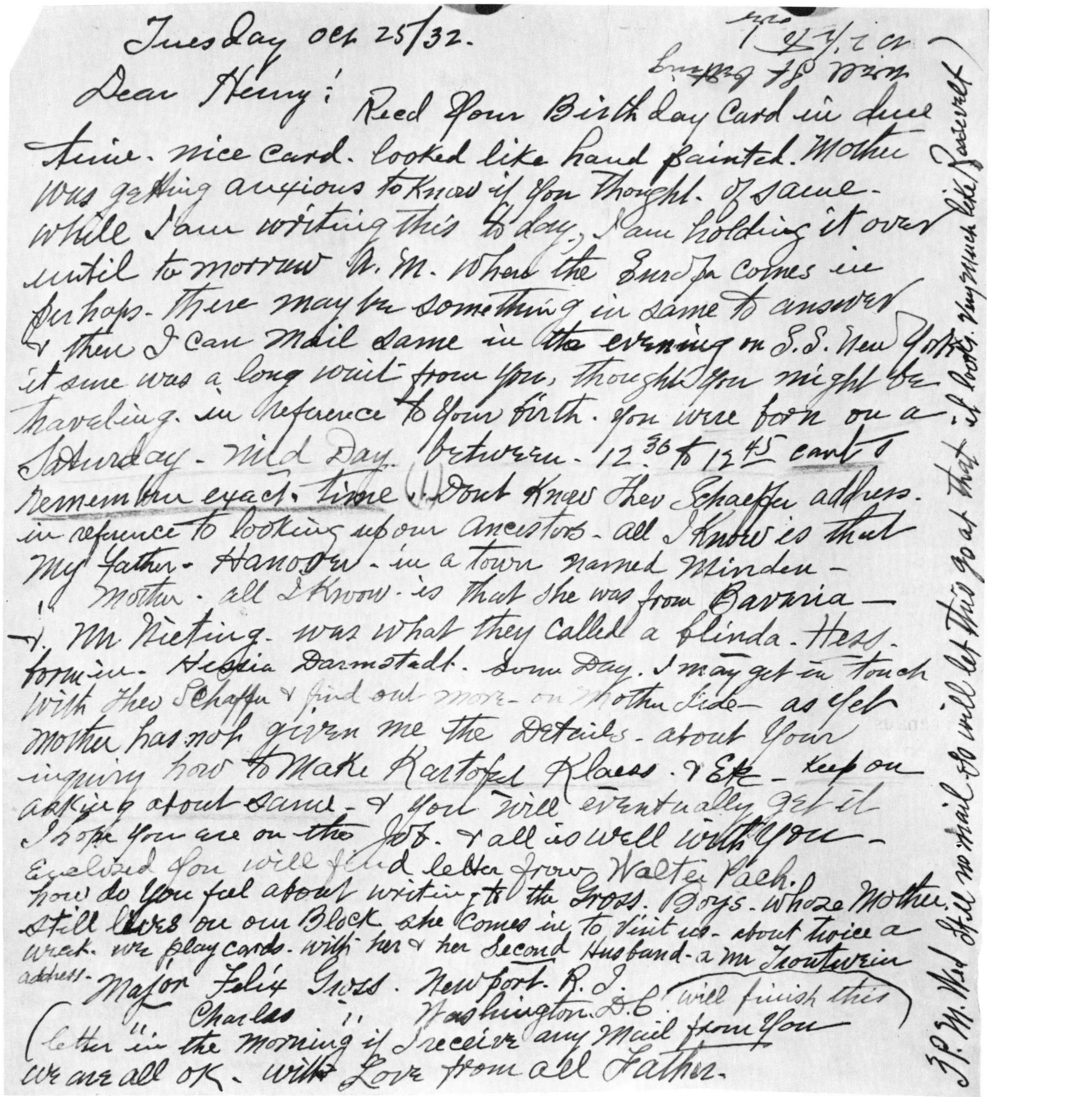

Tuesday Oct 25/32.

Dear Henry: Recd Your Birthday Card in due time. nice card. looked like hand painted. Mother was getting anxious to know if You thought of same. while I am writing this to day, I am holding it over until to morrow A.M. When the Europa comes in perhaps. there may be something in same to answer & then I can mail same in the evening on S.S. New York. it sure was a long wait from You, thought You might be traveling. in Reference to Your birth. You were born on a Saturday. Mid Day. between. 12.30 to 12.45 cant remember exact time. Dont know Theo Schaeffer address. in refrence to looking up our ancestors. all I know is that My Father. Hanover. in a town named Minden. " Mother. all I know. is that she was from Bavaria. & Mr Nieting. was what they called a flinda. Hess. form in. Hessia Darmstadt. Some Day. I may get in touch with Theo Schaffer & find out more. on Mother side. as yet mother has not given me the details. about Your inquiry how to Make Kartoffel Klaess. & Etc. keep on asking about same. & You will eventually get it. I hope You are on the Job. & all is well with You. Enclosed You will find letter from Walter Pach. how do You feel about writing to the Gross. Boys. Whoze Mother. still lives on our Block. she comes in to Visit us. about twice a week. we play cards. with her & her Second Husband. a Mr Trowtwein

address. Major Felix Gross. New Port. R.I.
Charles " Washington. D.C.

will finish this letter in the morning if I receive any Mail from You. We are all OK. with Love from all Father.

3 P.M. Wed still no mail. So will let this go at that. it looks very much like Roosevelt

1932 interessierte ich mich angelegentlich für Astrologie und mein eigenes Horoskop. Ich war nicht sicher, ob ich um zwölf Uhr mittags oder um Mitternacht geboren worden war. Ich schrieb an meinen Vater und bat ihn um Auskunft, da meine Mutter keinerlei Interesse mehr an mir hatte.

WIEDERSEHEN
MIT PARIS

Nach einem Besuch der Villa Seurat 18, wo ich den ›Wendekreis des Krebses‹ und verschiedene andere Bücher schrieb, sinne ich den unvergeßlichen Tagen und Nächten nach, die ich hier verbrachte. In jedem Haus der Villa Seurat genannten Straße lebte ein bekannter Maler, Schriftsteller, Bildhauer oder Musiker, darunter Gromaire, Lurçat und Salvador Dali.

Hier sind wir in dem Studio meines alten Freundes Brassai, links von mir. Hier bewahrt er die Tausende von Fotografien von Paris auf, die ihn berühmt gemacht haben. Alles ist wohlgeordnet.

Mit meinem damaligen Sekretär in Paris. Ich suche die alten Stätten wieder auf – während der Dreharbeiten zu dem Film ›The Henry Miller Odyssey‹.

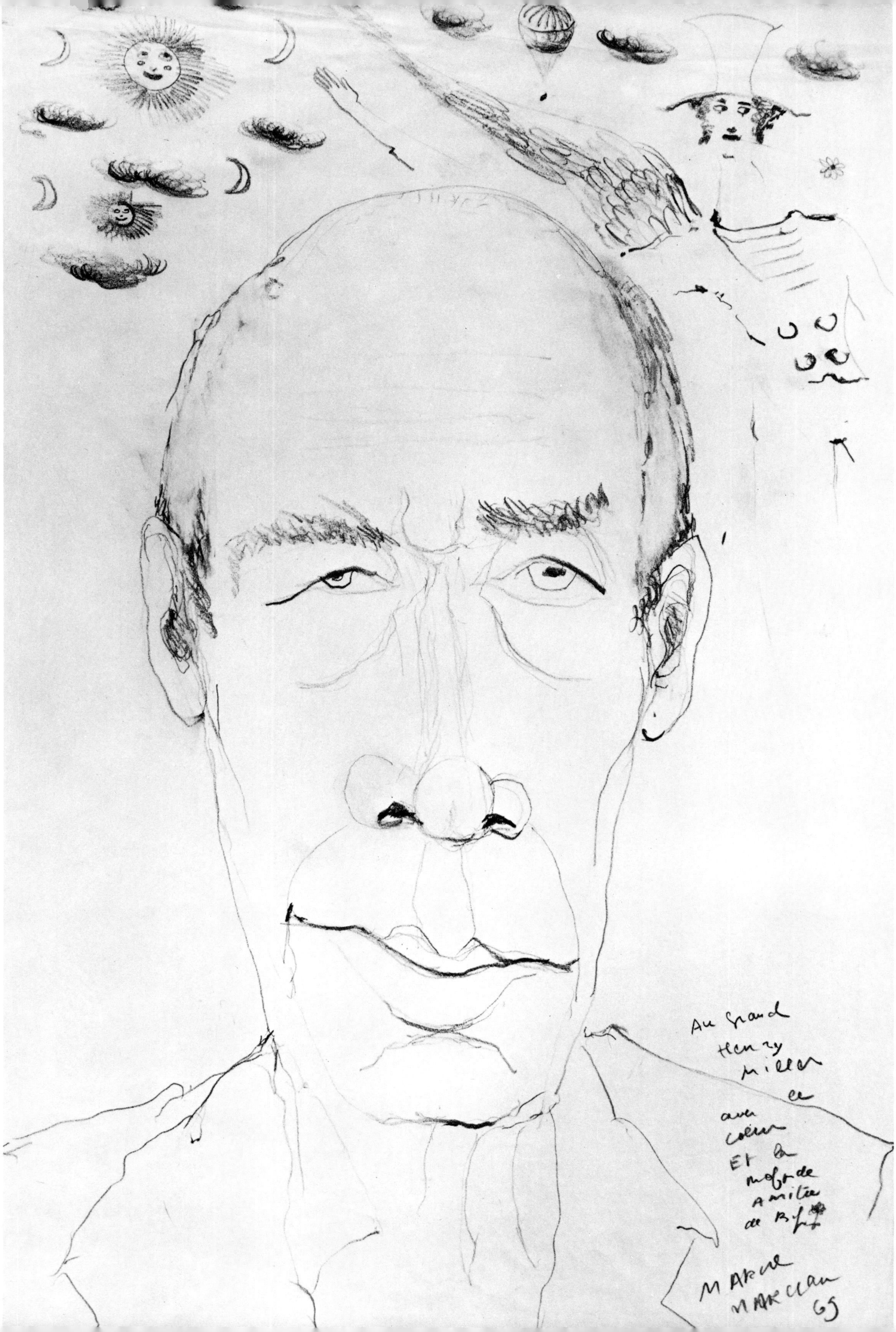
Au grand
Henry
Miller
avec
cœur
Et la
amitié
Marcel
Marceau
65

Paris Notes

14th: A dance in the streets with Olga. Bulgarian style, hands around in a circle, good Turkish rhythm. Olga smelling like fried potatoes, her hair greasy and flying in my mouth. Has she bugs! One of those wild Circassian haircombs! Hair like a bunch of excelsior. Coming away from the dance Olga's drawers come down. She ducks into an alley and hoists them up. Explains that since the operation (abortion) she is not so big any more. (She still weighs a ton.)

14th of July: Tameness of it. French don't know how to take a holiday. Americans + other foreigners made it lively. Only two bright spots in the celebration were the blind man playing classic music on the accordeon at Montparnasse, and the solo male dancing in the little family group in dirty cafe back of rue de Lappe, where the music was composed of bag-pipe and sleigh-bells. The whore at Select, trying to gather a crowd by raising her skirts and doing belly-dance. Zoo go!

Lawrence Durrell legt einen falschen Schnurrbart und Bart an, um George Bernard Shaw zu personifizieren – im Jardins du Luxembourg.

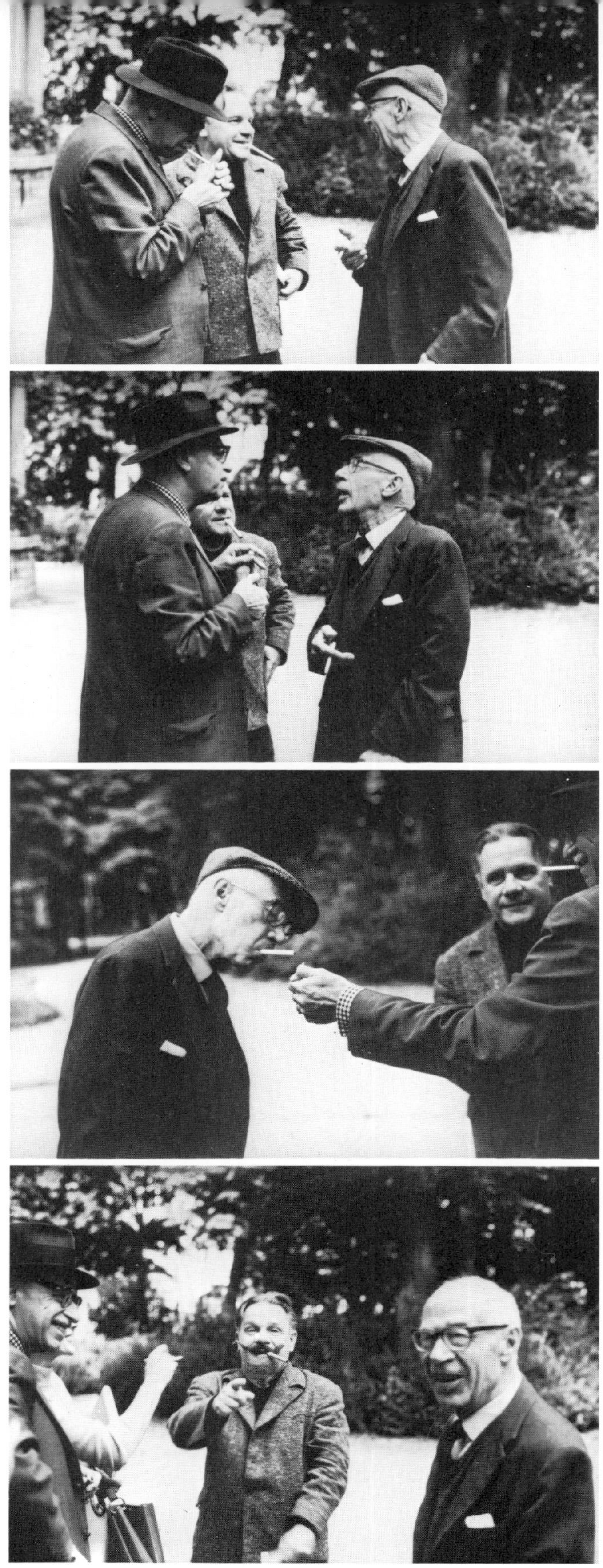

Für meine fünften Flitterwochen fuhr ich mit Hoki-san nach Paris. Es sieht nur so aus, als ob wir in verschiedene Richtungen gehen. In Wirklichkeit sind Ost und West sehr gut zusammengekommen.

Number 6.

Note recurrence of this number throughout life.
Mother's birthday – June 13th – (6th month)
My date Dec. 26th, 1891. Born on 86th Street, N.Y. (85th = ?)
Next address 662 Driggs Ave. Brooklyn.
Born when father was 26 years old. His birthday is Oct. 23rd (twice 3 = 6)
Next address is 1063 Decatur St. B'klyn.
Married in 26th year! Wife lived on 9th Street (6 upside down)
June lives on 1877 76th Street, Bensonhurst (Joey + Tony)
Wife B + I live on 6th avenue, Bklyn, where I am divorced.
Pauline lived at 366 Decatur Street.
Stanley, my oldest friend, lived at 284 6th Street, Bklyn.
Anais at 26 Rue des Marronniers, Paris.

Reflections caused by recollection of number 6 in dream of Brooklyn–Paris map. "Bklyn 6 times as large as Paris!"

In Chinese culture 6 is the 2nd important number after 4, the cardinal for the seasons. ("The 6 powerful extremes")

Find Colors, Symbols for Topographical (mythological) maps of

(Life) Driggs Avenue = Boy Heroes, gods, Idol worship
Philos. + (music) Decatur Street = Cora, Pauline (Frances Hunter, Louise Corne
(Adventure) Sixth Avenue = B—, Muriel, Camilla
(Literature) June period

Color Scheme

Driggs Avenue – Royal Scarlet, Violet
Decatur Street – Blue, Green, Brown
Sixth Avenue – Purple, Violet
June Period – Orange, Green, Yellow, Black, Blue

Als ich in Paris ein chinesisches Buch über Metaphysik las, wurde mir bewußt, daß die Zahl 6 in meinem Leben immer wiederkehrt (links).

Eine Zeichnung, die ich in einem müßigen Augenblick für meinen dänischen Verleger Hans Reitzel machte, als ich 1953 bei ihm in Kopenhagen zu Gast war. Wahrscheinlich von Rimbaud beeinflußt (rechts).

Ein schwacher Versuch, Georg Grosz zu imitieren, nachdem ich seinen berühmten Zyklus ›Ecce Homo‹ betrachtet hatte (unten).

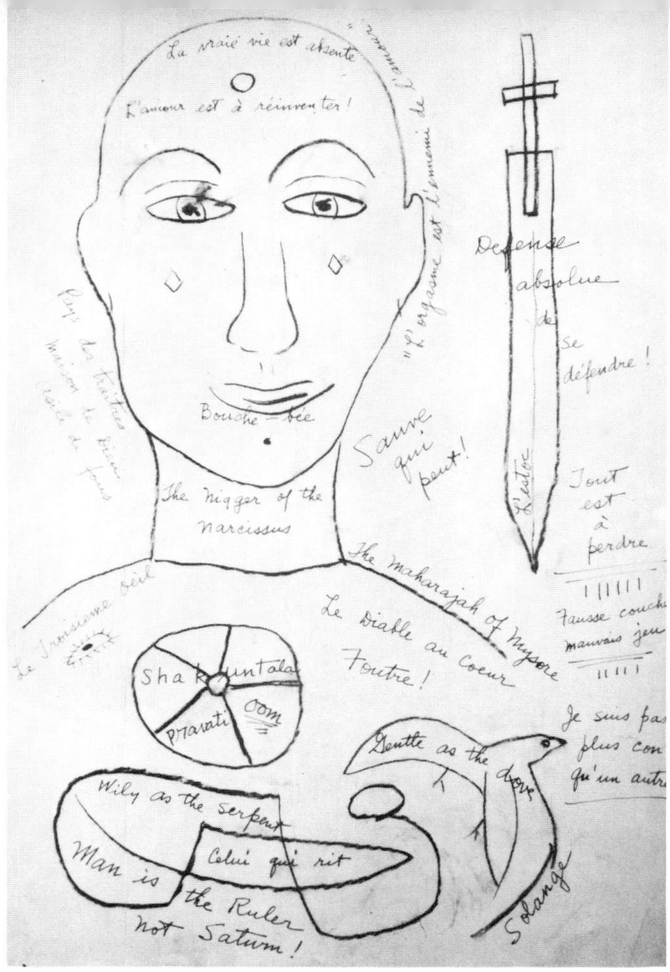

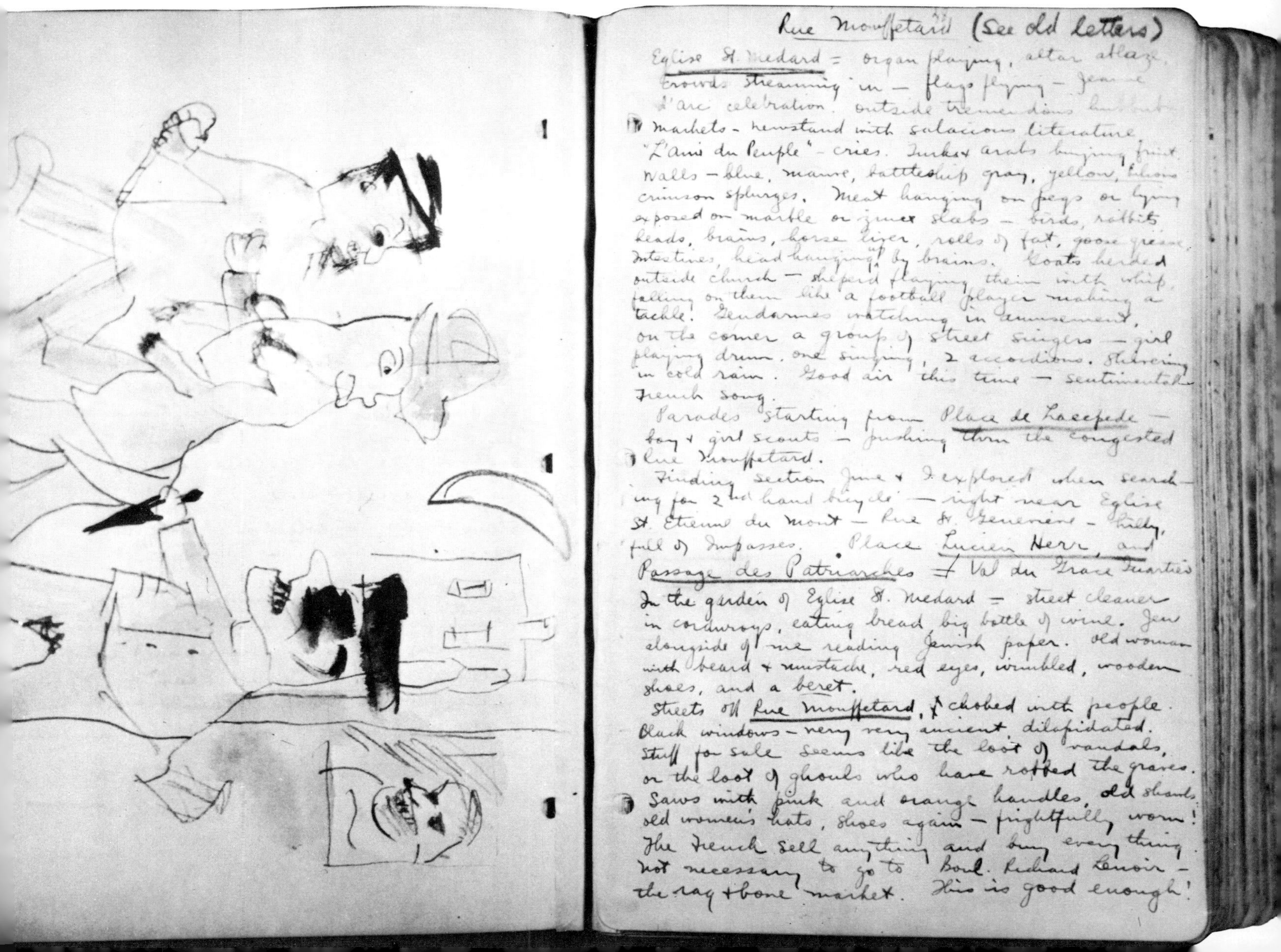

Auf einer Schriftstellertagung in Edinburgh bereitet mich Lawrence Durrell, rechts, auf die Rede vor, die ich gleich halten soll.

Der französische Schauspieler Michel Simon bittet mich um ein Autogramm – das Mindeste, was ich für ihn tun kann. Zweimal überließ er mir sein Haus in La Ciotât in Frankreich.

Das ist Eugene Pachoutinsky, der erste von vielen, der mir während der Hundejahre in Paris das Leben rettete. Er gab mir zu essen, versorgte mich mit Gauloises Bleues und richtete es so ein, daß ich im Cinema Vanves, wo er Kartenabreißer war, schlafen konnte. Er ist mein Freund geblieben (gegenüberliegende Seite).

Ich bat um diese Aufnahme von Brassai und Picasso, weil die beiden sich so erstaunlich ähnlich sehen.

Damals, als ich ein kleiner Junge war, noch nicht zehn Jahre alt, gaben wir einem Mädschen aus unserem Viertel manchmal einen Penny und versuchten, sie zu ficken. Wir taten so, als ob. Es kitzelte und war ein angenehmes Gefühl.

KINDHEIT

Ich kann mich an jedes Alter recht gut erinnern. Dabei erscheinen mir die ersten neun Jahre meines Lebens als meine ›paradiesische‹ Zeit. Damals lebten wir noch in dem alten Brooklyner Viertel Williamsburg. Um die Jahrhundertwende, 1900, zogen wir in ein anderes Viertel. Ich war gerade zehn Jahre alt. Das war die ›Straße der frühen Leiden‹, wie ich sie nannte, in einem deutsch-amerikanischen Viertel von Bushwick. Ich ging damals zur *Grammar School.*

Ich erinnere mich hauptsächlich daran, daß ich es mit einer neuen Bande von Jungs zu tun hatte und mit ihnen zurechtkommen mußte. Ich hatte Schwierigkeiten mit ihnen, weil sie zuerst versuchten, mich zu ihrem Hanswurst zu machen. Aber bald wurde ich ihr Anführer. Als ich das erste Mal durch die Straße ging, pflaumte mich jemand an. Das war damals unter Kindern so üblich. Sie pflaumten einen an, und man mußte auf jemanden losgehen und ihm die Meinung sagen. Wenn man das nicht tat, mußte man sich prügeln. Ich weigerte mich, mich zu prügeln, wodurch man sich in ein ziemlich schlechtes Licht setzte. Ich erklärte ihnen, daß ich sie nicht kenne, daß ich nichts gegen sie hätte, und daß ich nicht einsehen würde, warum ich mich mit irgend jemandem von ihnen prügeln sollte.

In dem Viertel gab es eine Presbyterianerkirche, der ich beitrat, weil sie ein Knabenkorps hatte. Es hieß Batterie A, Küstenartillerie. Wir hatten Uniformen und exerzierten nach den Vorschriften, und ich stieg schließlich vom Gemeinen zum Oberleutnant auf. Das war für Jungs von zehn bis vierzehn. Es gab eine Reihe solcher Kirchen, die diese Knabenkorps hatten. Es war der einzige Grund, warum ich zur Kirche ging. Die Predigten interessierten mich einen Scheißdreck. Das war die einzige religiöse Organisation, der ich jemals beitrat.

Die Straßen waren noch kopfsteingepflastert, und das Automobil war eine Neuheit. Ich entsinne mich an einige herrliche Herbsttage auf leeren Grundstücken des Viertels. Wir gruben uns dort Höhlen. Manchmal schossen wir Spatzen und brieten sie über einem Feuer. Ich hatte eine Winchesterbüchse, Kaliber 22. Die meisten Jungs hatten Gewehre. Es gab da keine Beschränkungen, und es passierte nicht sehr oft, daß jemand erschossen wurde.

Manchmal holten wir uns ein paar von den Mädchen in einen Keller und sahen ihnen beim Pissen zu. Konnten sie die Decke hochpinkeln oder so weit pissen wie wir? Aber wir fickten sie nicht. Nur damals in dem alten Viertel, als ich noch kleiner war, noch nicht zehn, gaben wir einem Mädchen manchmal einen Penny und versuchten, sie zu ficken. Wir taten so, als ob. Es kitzelte und war ein angenehmes Gefühl.

Das war die Zeit, in der ich lernte. Ich erhielt einen phantastischen Unterricht auf jenen leeren Grundstücken. Es gab da einen fetten Jungen namens Louis. Er war älter als wir alle. Er erzählte uns immer alle möglichen seltsamen Dinge, Legenden, Mythen, von Magie erfüllte Geschichten. Von diesem Jungen lernte ich mehr als in der Schule. Wir redeten über alles. Wir waren neugierig. Heute scheinen die Kinder sich zu langweilen, nicht zu wissen, was sie tun sollen. Wir stellten Fragen wie: ›Wer hat Gott gemacht?‹ ›Was hat es mit der Jungfrau Maria auf sich?‹ und dergleichen mehr.

Als ich schließlich aus der Highschool kam, ich war damals etwa siebzehn, hatten wir einen Club, der sich die Tiefen Denker nannte. Das war ironisch gemeint. Wir hatten einen Burschen unter uns, der sehr still und wirklich dumm war. Aber wir taten ihm gegenüber immer so, als ob er sehr klug sei, weil er nicht viel redete. Natürlich wußten wir, daß er es nicht war. Daher der Name Tiefe Denker. Dann gab es da noch eine Gruppe aus

Dieses herrliche Familienfoto wurde von den bekannten Fotografen, den Pach Brothers, in New York aufgenommen. Sie hatten jeden Präsidenten der Vereinigten Staaten fast bis zurück zu Lincolns Zeit fotografiert. Der ältere Pach benutzte nie Geld. Er bezahlte alles, was er kaufte, mit seinen Fotos.

Dies ist die Abschlußklasse der Public School 85 von Brooklyn im Jahre 1905. Ich bin der Dritte von links. Ich kann mich immer noch an fast alle Namen der Schüler erinnern, nämlich Jack Lawton, Lester Prink, Morton Schnadig, Lester Faber, Joe Maurer, Jimmy Pasta. Der einzige, mit dem ich bis heute in Kontakt geblieben bin, ist Jimmy Pasta, Sohn eines Schusters, der Kongreßabgeordneter wurde. Obwohl meine Bücher in der ganzen Welt bekannt sind, habe ich außer von Jimmy Pasta nie mehr etwas von einem meiner Klassenkameraden gehört.

einem anderen Viertel, aus Greenpoint, Brooklyn. Wir waren miteinander befreundet und beschlossen, uns zusammenzuschließen. Wir gründeten einen Club mit zwölf Jungs und nannten ihn den Xerxes-Verein. Der Xerxes-Verein tat überhaupt nichts, und der Name bedeutete nichts. Es war bloß ein Vorwand für uns zusammenzukommen. Wir hatten alle die Highschool hinter uns, und keiner von uns ging weiter in ein College. Wir waren alle Musiker: einige spielten Klavier, andere Geige und wieder andere waren sehr gute Sänger. Alle zwei Wochen kamen wir in der

Wohnung des einen oder anderen zusammen und spielten und sangen die ganze Nacht. Wie anders das heute ist! Wir hatten kleine Abzeichen und begrüßten uns mit einem besonderen Handschlag. Bei unseren Zusammenkünften spendierten unsere Eltern das Essen und die Getränke.

Damals brauchten wir keine Mädchen. Hin und wieder machten wir eine große Party und spielten Postamt. Das hieß, daß man sich mit einem Mädchen auf einen dunklen Flur verdrückte, um sie zu befühlen und zu küssen. Keiner von uns hatte damals eine feste Freundin. Ich muß das erklären. Es scheint seltsam, daß ich in der Zeit kein Sexleben hatte, aber das lag daran, daß ich ganz verrückt nach meiner Highschool-Liebe war, obwohl wir nie zusammen gegangen sind.

Das dauerte drei Jahre! Und es war eine ganz große Sache. Jeden Abend ging ich nach dem Essen zu ihrer Wohnung. Das war ein Weg von fast einer Stunde, und ich ging bloß an ihrem Haus vorbei, um zu sehen, ob sie vielleicht am Fenster wäre. Es war verrückt, verrückt, verrückt. Drei Jahre dauerte es. Ich konnte keine andere Frau ansehen, ich konnte an keine andere Frau denken. Ich konnte nur an sie denken. Ich kam nie dazu, mit ihr zu schlafen, weil ich sie auf ein Podest gestellt hatte.

Damals ging ich drei- oder viermal zu Huren. Tatsächlich war es in meinem letzten Highschooljahr, daß ich zum ersten Mal in ein Bordell ging und mir prompt einen Tripper holte. Es lag auf der 34th Street. In dieser Straße gab es viele Bordelle, und die meisten hatten französische Mädchen. Später ging ich wieder in dieselbe Gegend, aber nicht in denselben Puff. Und wie konnte es anders sein? Ich holte mir wieder einen Tripper. Es hat mich zwei- oder dreimal erwischt.

Als wir achtzehn oder neunzehn waren, hatten wir diesen Xerxes-Verein und amüsierten uns wie die Kinder. (Ich habe bis zu meinem fünfundzwanzigsten Lebensjahr Klavier gespielt. Ich heiratete das Mädchen, das mir Klavierunterricht gab. Das machte den Klavierstunden ein Ende.) Zwei oder drei von uns hielten die Gruppe in Schwung. Es war herrlich, später darüber nachzudenken. Da waren die Trägen, die Aktiven, die Spaßmacher, die Ehrgeizigen. Heute sehe ich all das ganz klar. Ich und ein anderer waren die Clowns, die für Unterhaltung sorgten, wenn die Stimmung flau wurde, wenn niemandem mehr etwas einfiel und die Gesellschaft einschlief. Mein Freund und ich, wir wollten den Club so gerne in Schwung halten, daß wir uns praktisch auf den Kopf stellten, um die schläfrige Bande zu amüsieren. Wir stellten eine Varieté-Nummer auf die Beine, tanzten einen Jig, sangen ein Lied, erzählten Witze, improvisierten einen Sketch, bloß, um die anderen wach zu halten. Wie naiv einem all das heute vorkommt.

Mit achtzehn fing ich an, als kaufmännischer Angestellter bei der Atlas-Portland-Cement-Company zu arbeiten. Das war meine erste Stellung nach der Schulzeit. Abends gab ich für fünfunddreißig Cent die Stunde Klavierunterricht. In dem Hause eines kleinen Mädchens, das ich unterrichtete, lernte ich eine attraktive Witwe kennen, die mit der Mutter des Mädchens befreundet war. So begann meine erste Affäre. Es war eine halbromantische Sache, aber natürlich etwas ganz anderes als jene erste reine Liebe. Aber ich hatte eine Menge Gefühl für diese ältere Frau. Eine Zeitlang lebte ich glücklich mit ihr zusammen. Ich mietete sogar ein Klavier, das ich in ihrer Wohnung aufstellte. Damals war ich neunzehn.

Als ich bei der Witwe lebte, wohnte meine alte Liebe seltsamerweise gerade über den Hof. Sie hatte schon geheiratet und wohnte mir jetzt gegenüber. Natürlich hatte ich anfangs keine Ahnung davon.

Nach der Highschool versuchte ich es etwa sechs Wochen mit dem City College von New York. Spensers *Feenkönigin* brach mir den Hals. Wenn ich so ein Zeug lesen muß, sagte ich mir, gebe ich's auf. Ungefähr zwei Jahre später beschloß ich, Gymnastiklehrer zu werden, und besuchte die Sargent's School of Arms am Columbus Circle. Die Ausbildung dauerte vier Jahre, aber ich stieg bald wieder aus, weil mein Vater trank und meine Mutter mich bat, mit ihm zu arbeiten und ihn zu beschützen.

Be against! Do something! Do what? Why, for one thing, you might eradicate every weapon, destroy every machine for making weapons, wipe out, at one stroke your armies & navies, by simply refusing to serve. Be militant! Don't wait till it's too late! Don't wait for war to be declared by the cabinet ministers before you protest. Start now.

at the age of 18=19

In dieser Zeit war ich körperlich in Hochform. Ich hatte einen Gesundheits- und Körperkulturfimmel. Jeden Abend machte ich meine Gymnastik. Außerdem war ich ein Fahrradnarr. Ich hatte zwei Rennräder, die ich nach den Sechs-Tage-Rennen von den Rennfahrern am Madison Square Garden gekauft hatte. Ich war Schrittmacher für sie, wenn sie trainierten. Mir machte es Spaß, und sie nahmen mich, weil ich jung war, ein gutes Herz hatte und nichts darauf gab, daß ich mich kaputtmachte. Es ist nicht leicht, den Schritt zu machen, wissen Sie.

In gewisser Hinsicht war ich damals auch von anderen Körperkulturnarren wie Charles Atlas und Bernard Macfadden beeinflußt. Ich bin alles andere als robust, aber ich hatte eine ungeheure Vitalität. Dann kam eine Zeit, in der ich zu Ringkämpfen ging, um Leute wie Jim Londos und den Mann der tausend Griffe und Würger-Lewis zu sehen. Ich ging auch zu Boxkämpfen, und Jack Johnson und Stanley Ketchel sah ich beim Training zu. Ich war nie bei einem Kampf mit Jack Johnson, aber ich lernte ihn Jahre später kennen – vierzig Jahre später, um genau zu sein. Er betrieb eine kleine Bar in Paris auf der Rue Fontaine. Sogar nach vierzig Jahren schien er immer noch großartig in Form zu sein. Sie kennen seinen massigen statuenhaften Kopf. Heute hängt ein Foto von ihm in meinem Badezimmer. Er war mein Idol.

Und dann die Spaziergänge... Ich verließ die Hochbahn in der Delancey Street und ging von da aus zur Fifth Avenue und zur 31st Street. Das war ein ganz schönes Stück – fast eine Stunde brauchte ich dazu. Und die ganze Zeit über quälte mich der Gedanke, daß ich ein Schriftsteller war, der nie etwas schrieb. Ich hatte nur einen einzigen Versuch gemacht zu schreiben. Mit einem kleinen Bleistiftstummel schrieb ich eine halbe Seite und gab es dann auf. Ich dachte, ich würde nie schreiben können. Trotzdem hatte ich es in mir. Im Gehen verfaßte ich ganze Geschichten und Romane mit Personen und Dialogen. Auf diese Weise muß ich mehrere Bücher geschrieben haben. Ich spreche von der Zeit, als ich in der Schneiderei meines Vaters arbeitete.

Auf dem Weg zur Werkstatt blieb ich immer vor dem Schaufenster einer Rahmenhandlung stehen, wo ich meine ersten japanischen Drucke und Reproduktionen von Chagall, Utrillo und Matisse sah. Damals fing ich an, mich für Malerei zu interessieren. Und die ganze Zeit über sagte ich mir, daß ich nie ein Schriftsteller sein würde. Aber ich las alle zeitgenössischen Autoren. Zum Beispiel entsinne ich mich an John Dos Passos, der damals schon einen ziemlichen Namen hatte. Wir waren wahrscheinlich gleichaltrig, und er hatte es schon geschafft. Er war im Krieg gewesen und hatte ein Buch über den Krieg geschrieben. Als ich ihn las, sagte ich mir: ›Gott noch

Mehrere Jahre lang verbrachten wir unsere Sommerferien auf einer Farm in Narrowsburg, N. Y., die dem Mann links gehörte. Ich habe nie mehr so gut und so herzhaft gegessen.

mal, ich glaube, ich kann das genauso gut‹, aber ich versuchte es nie.
Erst nachdem ich vom College abgegangen war, fing ich an, mich wirklich zu bilden. Ich begann zu lesen, was ich lesen wollte, wonach mir der Sinn stand. Ich las alle möglichen Bücher – über Philosophie, Ökonomie, Religion, Anthropologie, alles und jedes.
Ich war wirklich ein gespaltener Typ. Ich hatte großes Interesse für Sport und war gleichzeitig sehr literarisch orientiert. Ich las unaufhörlich und suchte mir die schwierigsten Bücher aus. Meine Kameraden wußten nicht, was sie von mir denken sollten. Ich teilte alle ihre Interessen, aber sie teilten meine nicht. Sie hielten mich für einen Sonderling. Schließlich zog ich mich von ihnen zurück.
Als ich klein war, schickten mich meine Eltern zur Sonntagsschule. Sie waren jedoch nicht wirklich religiös. Sie waren zwar Lutheraner, aber ich habe nie das Innere einer lutherischen Kirche gesehen. Meine Eltern sprachen nie über Religion und gingen nie zur Kirche. Auch ich hatte nie irgendwelches Interesse an der Kirche.
Gewöhnlich langweilte mich die Sonntagspredigt zu Tode. Hin und wieder bat der Pfarrer den Pfarrer einer anderen Gemeinde, die Predigt zu halten. Ich weiß noch, wie ich eines Sonntags ganz hingerissen aus der Kirche kam. Ich hatte einen Pfarrer über Sozialismus sprechen hören. Damals galt ein Sozialist als etwas ganz Radikales. Ich kam aus der Kirche und erzählte meinen Eltern, wie großartig diese Gastpredigt gewesen war. Als mein Vater das Wort ›Sozialismus‹ hörte, sah er rot und sagte: ›Nimm dieses Wort hier nie wieder in den Mund.‹ Wissen Sie, mein Vater war anders als mein Großvater. Mein Großvater war viel radikaler gewesen als mein Vater. Er hatte Deutschland verlassen, um sich dem Militärdienst zu entziehen. Er ging nach London, wo er zehn Jahre lang an der Werkbank arbeitete und Gewerkschaftler wurde, was er sein Leben lang blieb. Aber mein Vater war Schneidermeister geworden, und da sah natürlich alles anders aus.
Mit einundzwanzig Jahren war ich bereits zutiefst verzweifelt. Ich sitze in dem Park am Union Square, New York. Ich sehe ein großes Schild ›Phrenologie‹. Ich hatte genau einen Dollar in der Tasche. Auf dem Schild stand, daß es einen Dollar kostete, sich den Schädel lesen zu lassen. Also gehe ich 'rauf und lasse meinen Schädel lesen. Die Phrenologin, eine alte Dame, betastet meinen Kopf – und was sagt sie mir? ›Aus Ihnen könnte ein guter Verbandsjurist werden.‹ Ich ging total niedergeschlagen weg. Ich hatte geglaubt, sie würde sagen: ›Aus Ihnen wird ein Künstler, ein Schriftsteller.‹ Ich wußte nicht, wohin ich gehen, an wen ich mich wenden sollte. Ich hatte natürlich nicht den Mut, an die Tür irgendeines großen Mannes zu klopfen und um Rat zu fragen.
Für zehn Cent besuchte ich John Cowper Powys Vorträge im Labor Temple. Ein hochgebildeter Mann und ein großartiger Schriftsteller. Er hatte das Gesicht eines Sehers. Später, vielleicht vierzig Jahre später, huldigte ich ihm mit einem Besuch in Wales. Ich erzählte ihm, was er zu mir

gesagt hatte, als ich einen seiner damaligen Vorträge besuchte. Ich war damals sehr schüchtern und unbeholfen. Nach dem Vortrag war ich zu ihm vorgegangen und hatte ihn, da mir nichts Besseres einfiel, gefragt, ob er jemals Knut Hamsun gelesen hätte. Und er erwiderte: ›Knut Hamsun, meinen Sie den norwegischen Schriftsteller? Ich bedaure, nein. Wissen Sie, ich lese nicht norwegisch.‹ Als ich ihn in Wales sah und ihm das erzählte, sagte er: ›Henry, was war ich doch für ein blöder Sack! Warum hast du mich nicht in den Arsch getreten?‹ Seine Bücher haben mich stark beeinflußt.

Ein anderer, der einen ziemlichen Einfluß auf mich ausübte, war ein ehemaliger Wanderprediger namens Benjamin Fay Mills. Er hielt Vorträge über alles mögliche, über Freud zum Beispiel, der damals in der breiten Öffentlichkeit kaum bekannt war. Er richtete besondere Lehrgänge ein, die hundert Dollar pro Kurs kosteten. Als er diese Sonderkurse ankündigte, sagte ich: ›Ich habe kein Geld, aber wenn irgend jemand es wert ist, an Ihren Lehrgängen teilzunehmen, dann bin ich das, glaube ich.‹ Er musterte mich und sagte: ›Vielleicht haben Sie recht. Wenn Sie nach den Vorträgen mit dem Sammelteller herumgehen, können Sie kostenlos an dem Lehrgang teilnehmen.‹

Es gab viele solcher Männer, bei denen ich gerne angeklopft hätte, um ihnen ein paar Fragen zu stellen, wie es meine Anhänger heute tun. Die meisten muß ich leider abweisen. Am Anfang hatte ich ein schlechtes Gewissen, wenn ich sie nicht anhörte, aber heute glaube ich, daß ich ihnen einen Dienst damit erweise. Junge Leute können alle möglichen Fragen stellen, oft fundierte und beunruhigende Fragen. Nachdem ich ihnen Zeit und Aufmerksamkeit gewidmet hatte, merkte ich schließlich, daß es gleichgültig war, was ich sagte. Ich bin der Ansicht, daß es keinen Sinn hat, Ratschläge zu geben. Man muß allein dahinterkommen. Das klingt grausam, aber das ist es nicht.

Man muß erst einen Punkt erreicht haben, an dem es kein Zurück mehr gibt. Von da an geht es aufwärts. Man wird von keinem Gott beschützt. Am Ende muß man zu sich selbst zurückkehren. Wozu man sich auch entschließt, man muß es *selber* tun. Man muß das tun, was man glaubt, tun zu müssen, und nicht dem Beispiel eines anderen folgen, weil der erfolgreich war. Man kann nicht so sein wie er. Man ist man selbst. Jeder ist absolut einzigartig, und jeder hat sein eigenes Schicksal. Wir können so viel lernen wie wir wollen, uns die größten Meister anhören und so weiter, aber was wir tun, was wir werden, wird von unserem Charakter bestimmt.

Es ist möglich, das Schlechte gut, das Falsche richtig zu machen. Diese Möglichkeit gibt es immer. Es wäre eine höchst uninteressante Welt, wenn alles das bleiben würde, als das es erscheint. Ich glaube an die Möglichkeit der Veränderung. Zum Beispiel, zwei Männer werden ins Gefängnis gesteckt. Der eine verzweifelt vollkommen; wenn er entlassen wird, begeht er vielleicht wieder einen Mord. Der andere macht eine innere Wandlung durch und geht als neuer Mensch daraus hervor.

Ich bin einundzwanzig Jahre alt und lebe immer noch mit der Witwe, aber ich brenne darauf abzuspringen. Mir wird bewußt, daß sie älter ist, und das beunruhigt mich. Ich sehe uns schon, wenn sie fünfzig ist und ich erst fünfundzwanzig. Also setze ich mich nach Kalifornien ab. Zuerst arbeite ich auf einer Obstfarm in Otay und dann ungefähr ein halbes Jahr in Chula Vista. In der Obstplantage hatte ich das Gestrüpp zu verbrennen, und unter den Arbeitern gab es einige Cowboys, mit denen ich mich anfreundete. Einer kam aus Montana, und wir wurden dicke Freunde. Eines Tages schlug er mir vor, mit ihm nach San Diego in ein kleines mexikanisches Bordell zu fahren, das er dort kannte. Auf dem Weg zu dem Puff sehe ich Plakate, die Vorträge von Emma Goldman über Nietzsche, Dostojewski, Ibsen und andere ankündigen. Das war ein entscheidender Augenblick in meinem Leben. Ich ging hin. Nachdem ich einige ihrer Vorträge besucht hatte, kam ich zu dem Schluß, daß ich nicht zum Cowboy geschaffen war. Das hatte ich nämlich werden wollen, ein *Cowboy*. Stellen Sie sich das vor! Also kehrte ich nach Hause zurück und arbeitete in der Werkstatt meines Vaters.

Meine Beziehungen zu meinem Vater waren ziemlich kühl, während ich bei ihm arbeitete. Meine Mutter hatte gehofft, daß ich ihn vom Trinken abhalten, ein Auge auf ihn haben würde. und so weiter, aber das konnte ich nicht. Es störte mich, es fiel mir auf die Nerven, wie er sich jeden Tag völlig vollaufen ließ. Erst viel später, als ich zum zweiten Mal heiratete und alle möglichen finanziellen Schwierigkeiten hatte, ging ich meinen Vater um Hilfe an. Er glaubte an das, was ich tat, obwohl er nie etwas von dem las, was ich schrieb.

Während ich bei meinem Vater arbeitete, heiratete ich – meine erste Ehe – und hatte eine Tochter. Nachts saß ich oft an einem großen Nähtisch aus der Werkstatt. Im Atelier hatte ich auch einen großen runden Mahagonitisch abgestaubt, einen herrlichen Tisch, an dem ein Dutzend Leute Platz hatten, und da saß ich oft und versuchte zu schreiben. Natürlich ohne Erfolg.

Die Witwe hatte ich nicht mehr gesehen, seit ich in den Westen gegangen war. Ich war ihr davongelaufen, und sie wußte nicht, wo ich mich befand. Eines Abends, als ich ins Kino ging, traf ich sie als Platzanweiserin wieder. Sie führt mich zu einem Platz, setzt sich neben mich und fängt an zu weinen. ›Harry‹, sagte sie – sie nannte mich immer Harry – ›wie konntest du mir das antun?‹ Ich erzählte meiner Frau davon, daß ich sie getroffen hatte – sie wußte alles über die Geschichte – und schlug ihr vor, daß wir sie zu uns nehmen sollten. Natürlich hatte meine Frau etwas dagegen. Aber ich meinte es wirklich ehrlich. Es war mir absolut ernst. Das war eine dieser unmöglichen Situationen, bei denen nur ein Narr wie ich auf den Gedanken kommen konnte, daß so etwas gutgehen würde.

Mein Vater in seinen besten Jahren. Damals paßte ich in seine abgelegten Sachen, in seine Anzüge wie in seine Smokings oder Cutaways.

3 1/2 mo.

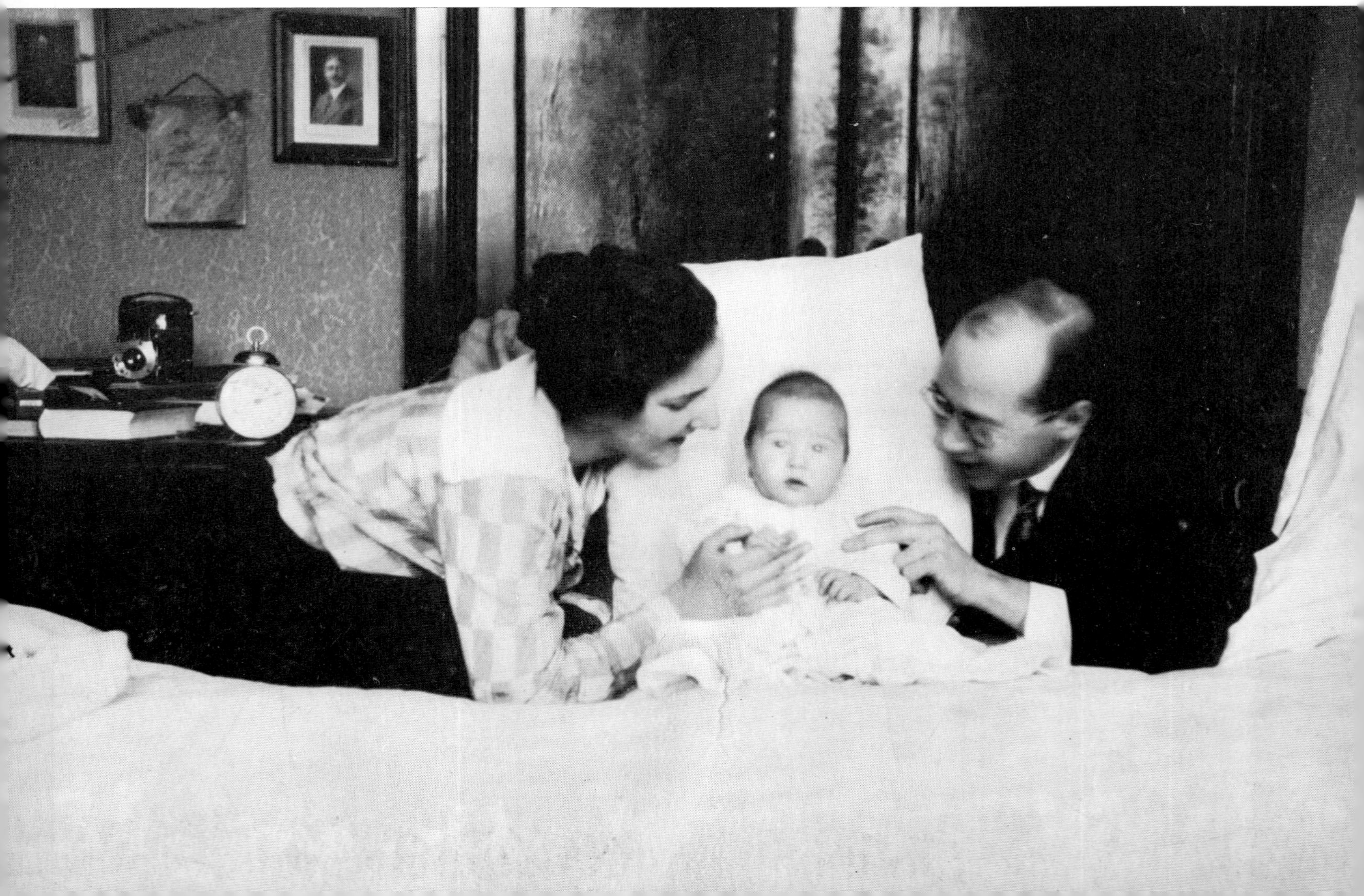

Ich halte es durchaus für möglich, daß ein Mann mehr als eine Frau versorgen kann. Ja, unter der Voraussetzung, daß alle Beteiligten sich über das, was sie tun, im klaren sind. Zahlreiche primitive Gesellschaften haben das praktiziert, ganz besonders dann, wenn entweder Männer oder Frauen knapp waren. Ein Freund von mir meint, daß ein Mann so viele Frauen haben sollte, wie er glücklich machen kann. Aber dann gibt es wirtschaftliche Probleme, nicht wahr?
Ich habe Ihnen nie viel über meinen Vater erzählt. Er war jeden Tag betrunken. Gewöhnlich ging er gegen Mittag in eine gegenüberliegende Bar, um sein erstes Glas zu trinken. Übrigens war das eine herrliche Hotelbar – das Wolcott Hotel. Er wollte, daß ich erwachsen werden und das Geschäft übernehmen sollte. Er nahm mich immer zum Mittagessen mit seinen alten Kameraden im Hotel mit. Ich aß phantastisch, aber ich trank nie einen Tropfen. Damals rührte ich keinen Alkohol an. Ich war dagegen. Ich stand mit ihm an der Bar, und seine alten Kumpane lachten und spotteten. ›Henry‹, sagten sie, ›was trinkst du heute?‹ Und ich antwortete: ›Wasser.‹ Dann lachten sie los. Natürlich wurde ich wütend.
Ich erinnere mich, daß ich einmal auf einen Franzosen losging, der meinen Vater beleidigt hatte, weil er betrunken war. Er hatte ihn alles mögliche genannt. Ich ging zu ihm und packte ihn. Sie waren alle betrunken und in meinen Augen nichts als eine Bande von verkommenen Subjekten. Ich war körperlich gut in Form und packte ihn bei der Kehle und knallte ihn gegen die Theke. Dann warf ich ihn zu Boden und fing an, ihn zu würgen. Sie mußten meine Hände wegreißen. Ich hätte ihn fast erwürgt. Ich erzähle Ihnen diese kleine Geschichte, um deutlich zu machen, wie gewalttätig ich sein kann. Ich habe Angst, wütend zu werden, deshalb bin ich so nett und friedfertig. Wenn ich den Kopf verliere, werde ich fürchterlich rabiat.
Ich sollte Zuschneiden und all das lernen, aber daraus wurde nichts. Statt dessen stand ich stundenlang am Zuschneidetisch und unterhielt mich mit dem Zuschneider, während mein Vater sich in der Bar vollaufen ließ. Kunden kamen nur sehr selten.
Dieser Zuschneider war ein jüdischer Einwanderer aus Polen, den ich sehr gerne hatte. Er kommt auch in meinen Büchern vor. Wir standen da und redeten, während er Schnitte auf den Stoff übertrug und zuschnitt. Er sollte mir alles beibringen, aber ich lernte nie etwas. Er war an Literatur interessiert und kannte die russische und jiddische Literatur sehr gut. Er erzählte mir von den Ghettos in Europa, den jüdischen Bräuchen, der Kabbala und so weiter. Wir verbohrten uns in alle möglichen Themen und redeten jeden Tag stundenlang. Manchmal ging ich auch in das so-

Das ist meine Tochter Barbara mit ihren Eltern. Ich war sechsundzwanzig oder siebenundzwanzig Jahre alt und hatte beträchtlich mehr Haar als heute. Es sind kaum noch Fotos von mir vorhanden, auf denen so viel Haar zu sehen ist.

Barbara on the kitchen tubs at 244 6th Ave. Brooklyn

genannte Nähzimmer. Dort saßen drei Juden, die mich sehr interessierten. Einer war ein Opernsänger. Ich machte die Fenster auf, damit sie ihn in den umliegenden Häusern hören konnten und sagte: ›Also, Rubin, fang mit Pagliacci an oder mit Boris Godunow.‹ Welch eine Stimme! Manchmal glaube ich, daß er vielleicht eine größere Stimme als Caruso hatte. Wir hörten sie in allen Fenstern klatschen. ›Mehr! Mehr!‹ Und wenn mein Vater betrunken dazukam oder ein Kunde auftauchte, wunderten sie sich, was denn da los sei.

Natürlich florierte das Geschäft nicht. Es ging zum Teufel. Aber als es dann zum Teufel ging und mein Vater ohne einen Penny dastand, boten diese kleinen jüdischen Schneider, die für ihn arbeiteten, ihm an, seine Schulden zu bezahlen; sie erboten sich, ihre Habe zu verpfänden, ihm ihre Ersparnisse zur Verfügung zu stellen und so weiter. Ich brachte sie davon ab. Es war zu spät. Aber solche Menschen waren das. Es war eine wunderbare Erfahrung.

In der Schneiderei lernte ich einen der berühmtesten Schriftsteller jener Zeit kennen. Eines Tages tritt kein anderer als Frank Harris aus dem Aufzug. Er befand sich im Schlepptau von Guido Bruno, damals eine große Nummer in Greenwich Village. Bruno kam aus Jugoslawien und gab im Village eine Zeitschrift heraus. Er hatte Frank Harris, der am Washington Square lebte, entdeckt. Frank Harris brauchte ein paar Anzüge. Natürlich hatte mein Vater nie von ihm gehört, aber ich hatte einige seiner Bücher gelesen und war ganz aus dem Häuschen, ihn zu sehen. Mein Vater hatte keinen Umgang mit Schriftstellern oder Künstlern außer mit Boardman Robinson,

dem Karikaturisten. Mein Vater hatte mit Künstlern nichts im Sinn. Er meinte, sie seien alle verantwortungslose Wirrköpfe ohne einen Penny in der Tasche. Frank Harris wollte einen Anzug aus einem leichten, flotten Stoff für eine Segeltour. Mein Vater zeigt ihm einen Stoff mit breiten Streifen – etwas, das nur ein Varietékünstler tragen würde. Frank Harris fängt an zu lachen und sagt: ›Finden Sie, daß ich solche Hosen tragen soll?‹ und mein Vater erwidert: ›Warum nicht? Sie sind Schriftsteller, Sie sind Bohemien. Sie können alles tragen.‹

Frank Harris war wirklich großartig. Er entdeckte bald die kleinen Schneider im Hinterzimmer und merkte, daß der Zuschneider ein phantastischer Mensch war. Er fing an, über jüdische Literatur zu sprechen, über Shakespeare, die Bibel und Oscar Wilde. Er redete mit diesen kleinen Schneidern, als ob sie seinesgleichen wären. Als er weg war, fragten sie mich: ›Wer ist dieser Mann? Er muß ein großer Mann sein!‹

Wenn er zur Anprobe kam, half ich Frank Harris,

Foto meines ersten Kindes, das auf einem Tisch im Hinterhof aufgenommen wurde. Barbara war damals etwa zwei Jahre alt und ein sehr fröhliches Kind.

die Hosen anzuziehen. Er trug keine Unterwäsche, was mein Vater höchst merkwürdig fand. Nach der Arbeit machte ich oft noch Botengänge. Eines Tages hatte ich einen Anzug bei ihm abzuliefern. Als ich hinkam, lag mein geliebter Schriftsteller mit einer Frau im Bett. Ich wollte sofort wieder verschwinden, aber er bestand darauf, den Anzug anzuprobieren. Er sprang vollkommen nackt aus dem Bett und probierte die Hosen an.

Ich erzählte ihm von meinen Schreibversuchen, und später veröffentlichte er eine meiner Geschichten in einer berühmten alten Zeitschrift, *Pearson's*, die er übernommen hatte. Als ich dann nach Paris kam, lud Frank Harris mich ein, bei ihm in Nizza zu wohnen – mietfrei. Ich nahm die Einladung nie an. Aber ich fand das doch sehr nett von ihm.

Alles, was ich von diesen zwei, drei oder vier Jahren in der Schneiderei habe, ist, daß ich mich in Wollstoffen und Seiden auskenne und Frank Harris ein paarmal zu Gesicht bekam. Ich kann einen Stoff beurteilen, wenn ich ihn anfasse. Und ich weiß, wann ein Anzug sitzt. Aber das ist praktisch alles.

Als Brooklyner, dessen Eltern nichts mit Künstlern zu tun hatten, lernte ich nie welche kennen. Ich bemühte mich immer darum, irgend jemanden mit etwas Bildung kennenzulernen. Schriftsteller zu werden, hieß für mich soviel wie: ›Ich werde ein Heiliger, ein Märtyrer, ein Gott.‹ Es war genauso eine große Sache, genauso weit weg, genauso fern. Jahrelang wagte ich nur, davon zu träumen. Ich glaubte nicht einmal, daß ich das Talent hätte, aber es war das einzige, was ich werden wollte. Aber um es zu werden, tat ich erst einmal tausend andere Dinge.

Ich war Straßenbahnschaffner, Müllmann, Bibliothekar, Versicherungsagent und Buchverkäufer gewesen und hatte im Telegraphenamt gearbeitet. Ich war gerade aus einem der ersten einigermaßen aussichtsreichen Jobs, den ich mir in einem Versandhaus beschafft hatte, geflogen. Ich war dort Redakteur gewesen, aber bloß einen Monat lang. Mein Vorgesetzter hatte eine Menge für mich übrig. Er war ein Literat. Ich hatte noch keine Zeile geschrieben, aber er hatte das Gefühl, daß ich jemand war. Ich arbeitete mich so schnell ein, daß ich kaum etwas zu tun hatte. Ich sitze also vor einem Band Nietzsche, von dem ich damals begeistert war, und mache mir Auszüge aus dem *Antichrist.* Plötzlich kommt der Vizedirektor vorbei, sieht mir über die Schulter und sagt: ›Sehr interessant, und was hat das mit Ihrer Arbeit zu tun?‹ Auf frischer Tat ertappt, wurde ich 'rausgeschmissen.

Ich hatte eine Frau, ein Kind, einen Haushalt zu versorgen, und so gehe ich in meiner Verzweiflung zur Western Union Telegraph Company, um mich als Telegrammbote zu bewerben. Ich bin ungefähr achtundzwanzig Jahre alt. Ich be-

Mein Vater hat den Briefkopf nie geändert, nachdem ich die Firma verlassen hatte. Diesen Brief erhielt ich in der ersten Zeit in Paris. Ich war schon über zehn Jahre nicht mehr in der Firma.

M Notice I am still using these bill heads in order to save my letter headings.

What do you hear from June.

Hello Henry wish I were
with you & will get in some
[illegible]
time of ours

~~I~~ most people dont think that speech of Al Smith has done Roosevelt much good.

You notice the Democrats dont let Garner do much speaking. most people think he is a JOKE.

its rumored that Tammany is making a deal to get O'brien elected & Keife - Lehman - for Donovan -

Business in general is not as good this month as it was in ~~Sept.~~

regards from Uncle Dan & Eddie I met them at Carnegie Hall the other day they are looking forward to a letter from you

werbe mich als Bote, und sie weisen mich ab. Das bringt mich so auf, daß ich nicht schlafen kann. Am nächsten Morgen mache ich mich auf, um den Direktor der Gesellschaft zu sprechen. Ich werde an den Vizedirektor verwiesen. Ich sage mir immer wieder: ›Warum, warum kann ich nicht den letzten Job der Welt bekommen?‹
Schließlich landete ich bei dem Generalmanager, der mich eine Stunde oder länger anhörte. Dann sagt er, anstatt mir einen Job als Laufbursche anzubieten: ›Mr. Miller, übernehmen Sie doch die Zustellungsabteilung. Aber zuerst sollten Sie Erfahrungen sammeln. Ziehen Sie eine Uniform an und arbeiten Sie als Bote. Ich lasse Sie die Büros abklappern. Sie werden als Personalchef der Zustellungsabteilung bezahlt. Das wird außer uns beiden niemand wissen.‹ Also klapperte ich die Büros ab und sammelte Erfahrungen. Und da merkte ich, was es heißt, Telegrammbote zu sein. Offen gestanden, konnte ich es kaum ertragen. Es war Winter, Schnee und Eis auf den Straßen. Als ich am ersten Abend nach Hause kam, fühlten sich meine Füße an, als ob sie aus Glas und sämtliche Knochen gebrochen wären. Ich ging stöhnend vor Schmerzen ins Bett.
Viereinhalb Jahre litt ich als Personalchef. Nach der Arbeit ging ich mit dem Detektiv der Gesellschaft essen. Er holte mich nach Feierabend ab, und wir machten uns gemeinsam zu den Telegraphenbüros auf und hielten nach Gaunern und jungen Ausreißern Ausschau. Das führte uns in jeden Winkel von New York: die Bowery, die East Side, die West Side, Harlem und so weiter. Ich kannte das alles wie meine eigene Hosentasche. Ich sollte morgens um acht Uhr im Büro sein, aber ich war selten pünktlich. Wenn ich schließlich ankam, wartete schon eine ganze Meute im Vorzimmer, die alle angestellt werden wollten. Ich kam selten vor zwei Uhr nachts ins Bett, manchmal wurde es drei oder vier. Es war eine harte Zeit. In diesen Jahren arbeitete ich mindestens für drei.
Natürlich lernte ich viel über die menschliche Natur, besonders über Jungen. Wir hatten es hauptsächlich mit dem Abschaum der Stadt zu tun. Unter ihnen gab es großartige Jungs. Viele waren kleine Ganoven, aber das störte mich nicht besonders. Außerdem waren sie große Lügner. Fast alle jungen Burschen sind Lügner. Die Musterhaften, die so lammfromm dreinschauten, waren immer die Schlimmsten. Abends ging ich oft zu ihnen nach Hause, um mir ein Bild zu machen. Da kamen Jungs und bettelten um einen Job und sagten, sie hätten zu Hause nichts zu essen, ihr Vater sei krank und dies und jenes, und ich besuchte sie dann zu Hause. Ich versuchte, die Wohltätigkeitsorganisationen für sie zu interessieren, aber es dauerte eine Ewigkeit, bis die etwas unternahmen. Und es endete meist damit, daß ich in meine eigene Tasche griff, um ihnen weiterzuhelfen. Oft mußte ich mir Geld von Kollegen borgen. Ich war immer verschuldet. Ich machte überall Schulden, um diesen Jungs zu helfen.

Ich war noch nicht an dem Punkt angelangt, an dem ich mich entschloß, mein Leben zu ändern. Davor geschah noch eine ganze Menge. Erst einmal verliebte ich mich in eine junge Frau, die ich in einem Tanzlokal am Broadway kennengelernt hatte, wurde von meiner Frau im Bett mit ihr erwischt und geschieden. Und so zog ich mit ihr, June, zusammen. Während ich mit ihr zusammenlebte, gab ich meine Stellung auf. Sie sagte immer wieder: ›Gib doch diesen Job auf. Fang an zu schreiben.‹ Sie trieb mich dazu.

Eines Tages ging ich ins Büro, packte meine Sachen in eine Aktenmappe und sagte zu meinem Assistenten: ›Sag dem Chef, daß ich ab sofort kündige und auf meine zwei Wochen Gehalt verzichte.‹ Das Büro war voller Jungs, die angestellt werden wollten – es trieben sich da immer fünfzig oder sechzig herum. Es war die reine Hölle. An jenem Tag verließ ich das Büro und fühlte mich als *freier* Mensch. Es war etwa zehn Uhr morgens. Ich schlenderte gemächlich über den Broadway, beobachtete all die armen Schweine mit ihren Aktenmappen unter dem Arm, die Aufträge sammelten, kauften, verkauften, flehten und bettelten und sagte mir: ›Nein, das ist nichts für mich. Das mache ich nie mehr. Von jetzt an werde ich Schriftsteller, und davon soll mich nichts mehr abbringen.‹

Den Mut, diese Entschlüsse zu fassen und mich danach zu richten, hatte mir meine Frau, meine neue Frau, June, gemacht. Sie hat mir wirklich Auftrieb gegeben, mir wirklich geholfen. Sie glaubte an mich. Dann begann die Zeit, in der ich wirklich litt und hungerte, bis mein erstes Buch herauskam.

Gewöhnlich war ich immer nur bei einer Frau auf einmal engagiert. Nach der Trennung von June wechselte ich häufiger, aber solange ich mit ihr zusammenlebte, hatte ich nie etwas mit irgendeiner anderen Frau. Ich ging so in ihr auf, war so vollkommen glücklich mit ihr, besonders sexuell, daß keine andere Frau mich reizen konnte.

Aber dann fingen die zehn Elendsjahre an, in denen ich versuchte, mein Werk zu verkaufen. Den Wunsch zu schreiben hatte ich schon jahrelang in mir herumgetragen. Aber ich traute mir

das Schreiben nicht zu, das war es. Ich hatte *absolut* kein Zutrauen. Ich dachte, es wäre das beste, mit Übungen anzufangen, und so schrieb ich über Dinge, die mich interessierten – über Menschen und Ereignisse. Ich suchte Leute auf. Ich ging zu dem Verleger von Funk & Wagnall's Dictionary, Dr. Vizetelly. Ich schrieb einen Artikel – einen langen herrlichen Artikel über Worte, den ich an die kleine Zeitschrift *Liberty* verkaufte. Sie mochten mich dort. Sie hätten mich fast als Redakteur eingestellt. Sie zahlten mir, glaube ich, dreihundert Dollar, was damals eine große Summe war. Aber meinen Artikel brachten sie nie. Hin und wieder fragte ich mal nach. ›Er ist zu gut‹, sagten sie dann. *Zu gut!* Wie finden Sie das? Schließlich kam ich dann auf die Idee, es bei solchen Zeitschriften wie *Snappy Stories* zu versuchen. Ich schrieb ein oder zwei solche Geschich-

ten, wurde sie aber nicht los. Daraufhin beschloß ich, meine Frau, die schön war, in die Redaktionen zu schicken. Da wurden sie natürlich angenommen. Nachdem ich zwei oder drei verkauft hatte, dachte ich mir: ›Warum soll ich etwas Neues schreiben? Ich gehe ihre alten Nummern durch, nehme mir die veröffentlichten Geschichten vor, ändere den Anfang und das Ende und die Namen der Personen und verkaufe sie ihnen.‹ Natürlich waren sie von ihrem eigenen Kram begeistert. Auf diese Weise verkaufte ich eine ganze Reihe.

Wir zogen in die Remsen Street 91, Brooklyn Heights, wo wir richtig loslegten. Es war eine herrliche Wohnung. Wir richteten uns im japanischen Stil ein. Alles mußte ästhetisch sein. Wir lebten so, als ob wir Geld hätten. Wir zahlten ungefähr vier Monate lang keine Miete. Der Hausbesitzer und seine Frau kamen aus Virginia. Eines Tages klopfte er an die Tür – ich war allein – und wahrscheinlich schrieb ich. Er sagte: ›Kann ich mit Ihnen sprechen, Mr. Miller?‹ Er setzte sich aufs Bett. ›Mr. Miller, Sie wissen, daß meine Frau und ich Sie beide sehr gerne haben. Aber ich glaube, Sie sind ein ziemlicher Träumer. Wissen Sie, wir können Sie nicht ewig behalten. Sie brauchen die rückständige Miete nicht zu bezahlen. Wir wissen, daß Sie kein Geld haben. Aber würden Sie bitte in annehmbarer Zeit ausziehen?‹ So freundlich war dieser Mann. Ich hatte wirklich ein schlechtes Gewissen. Ich sagte ihm, daß ich selbstverständlich alles zurückzahlen würde. ›Sie waren so freundlich‹, sagte ich. Natürlich tat ich das nie. Meine Frau hatte aufgehört zu arbeiten, und ich verkaufte nichts.

Es ging uns finanziell so schlecht, daß wir uns für eine Weile trennen mußten. Ich ging zu meinen Eltern zurück und sie zu ihren. Das war schrecklich. Meine Mutter sagte immer: ›Wenn irgend jemand kommt, ein Nachbar oder einer unserer Freunde, tu die Schreibmaschine weg und versteck dich im Schrank. Es braucht niemand zu wissen, daß du hier bist.‹ Manchmal stand ich über eine Stunde in diesem Schrank, und der Geruch der Mottenkugeln nahm mir den Atem. So brauchte sie den Nachbarn oder Verwandten nicht zu sagen, daß ihr Sohn ein Schriftsteller war. Solange sie lebte, war ihr der Gedanke verhaßt, daß ich ein Schriftsteller war. Sie wollte, daß ich Schneider werden und die Werkstatt übernehmen sollte. Es war, als ob ich mit dem Schreiben ein Verbrechen beging.

Selbst die frühesten Erinnerungen an meine Mutter sind unglückliche Erinnerungen. Ich entsinne mich, wie ich in der Küche auf einem ganz besonderen Stuhl neben dem Herd saß und mit ihr redete. Meistens schimpfte sie mit mir. Einmal hatte sie eine Warze auf dem Finger. ›Henry‹, sagte sie zu mir (bedenken Sie, daß ich erst vier Jahre alt war), ›was soll ich tun?‹ ›Schneid sie mit der Schere ab‹, sagte ich. Die Warze! Man schneidet Warzen nicht ab! Und sie bekam eine Blutvergiftung. Zwei Tage später kam sie mit einer verbundenen Hand zu mir und sagte: ›Und du hast mir gesagt, ich soll sie abschneiden!‹ Und schon haut sie mir zwei 'runter. Schlägt mich! Zur Strafe. Weil ich ihr das gesagt hatte! Was halten Sie von einer Mutter, die so etwas tut?

Meine Schwester war von Geburt an geistig zurückgeblieben. Sie hatte die Intelligenz eines acht- oder zehnjährigen Kindes. In meiner Kindheit war sie mir eine große Last, weil ich sie verteidigen mußte, wenn die Kinder riefen: ›Verrückte Lo-

retta, verrückte Loretta!‹ Sie machten sich über sie lustig, zogen sie an den Haaren, riefen ihr alles mögliche nach. Es war schrecklich. Ich rannte immer hinter diesen Kindern her und prügelte mich mit ihnen.
Meine Mutter behandelte sie wie eine Sklavin. Als meine Mutter starb, kehrte ich für zwei oder drei Monate nach Brooklyn zurück. Meine Schwester war zum Skelett abgemagert. Sie ging mit Eimern und Bürsten umher, wischte den Boden, tünchte die Wände und so weiter. Meine Mutter schien zu glauben, daß das gut für sie sei, daß es sie beschäftige. Ich fand das grausam. Aber meine Mutter hat sich ein Leben lang mit ihr herumplagen müssen, und das war zweifellos ein schweres Kreuz.
Wissen Sie, meine Schwester konnte nicht zur Schule gehen, weil sie so zurück war, und so beschloß meine Mutter, sie selbst zu unterrichten. Meine Mutter eignete sich überhaupt nicht zur Lehrerin. Sie war schrecklich. Sie schimpfte mit ihr herum, klebte ihr welche, bekam Wutausbrüche. ›Wieviel ist zwei mal zwei?‹ fragte sie, und meine Schwester, die nicht die geringste Ahnung hatte, erwiderte: ›Fünf, nein – sieben, nein – drei.‹ Einfach aufs Geratewohl. Peng. Noch eine Ohrfeige oder ein Puff. Dann wandte sich meine Mutter an mich und sagte: ›Warum muß ich dieses Kreuz tragen? Was habe ich getan, daß ich so gestraft werde?‹ Fragte *mich,* einen kleinen Jungen. ›*Warum straft Gott mich so?*‹ Da können Sie sehen, was für eine Frau das war. Dumm? Schlimmer als das.
Die Nachbarn sagten, sie liebe mich. Sie sagten, daß sie wirklich sehr an mir hänge und all das. Aber sie hat mir nie irgendwelche Wärme gegeben. Sie hat mich nie geküßt, nie umarmt. Ich kann mich nicht daran erinnern, daß ich jemals zu ihr gegangen bin und meine Arme um sie gelegt habe. Ich wußte gar nicht, daß Mütter das taten, bis ich eines Tages einen Freund besuchte. Wir waren zwölf Jahre alt. Ich ging mit ihm von der Schule nach Hause und hörte, wie seine Mutter ihn begrüßte. ›Jackie, oh Jackie‹, sagt sie. ›Mein Liebling, wie geht es dir, wie war's?‹ Sie umarmt und küßt ihn. Solche Worte habe ich nie zu hören bekommen – nicht einmal diesen Ton. Natürlich waren sie in diesem blöden deutschen Viertel schwer auf Disziplin bedacht und richtig brutal. Wenn ich mit meinen Freunden nach Hause ging, sagten sie: ›Verteidige mich. Hilf mir. Wenn mein Vater anfängt, mich zu schlagen, schnapp dir was, und wir laufen los.‹
Als ich erwachsen war, hatte ich keinen wirklichen Kontakt mit meiner Mutter. Ich sah sie kurz, als ich nach zehnjähriger Abwesenheit aus Europa zurückkam. Aber danach hatte ich keinen Kontakt mit ihr, bis sie krank wurde. Da fuhr ich zu ihr. Immer noch dasselbe – wir hatten uns nichts zu sagen. Das Schreckliche war, daß sie diesmal wirklich starb. (Wissen Sie, ich war schon einmal zu ihr gefahren, weil sie angeblich im Sterben lag.) Es dauerte drei Monate, bis sie hinüberging. Das war eine schreckliche Zeit für mich. Ich besuchte sie jeden Tag. Aber selbst auf dem Sterbebett war sie genauso tyrannisch wie immer und schrieb mir vor, was ich zu tun hätte und weigerte sich, irgend etwas zu tun, um das ich sie bat. Ich sagte zu ihr: ›Hör zu, du liegst im Bett. Du darfst nicht aufstehen.‹ Ich sagte nicht, du wirst sterben, aber ich ließ es durchblicken. ›Zum ersten Mal in meinem Leben werde ich dir sagen, was du tun sollst. Ich gebe jetzt die Anweisungen.‹ Sie richtete sich im Bett auf, streckte den Arm aus und wedelte mit dem Finger. ›Das kannst du nicht machen‹, schreit sie. Da saß sie in

Ich war damals etwa vierzehn. Mein Vater befand sich auf dem Höhepunkt seiner Karriere als Schneider der Fifth Avenue. Neben ihm sitzt meine Schwester. In jenem Sommer verbrachten wir unsere Ferien am Lake Pocotopaug in Connecticut.

Father + Lauretta,
about 1905–'07

Weighed 185 lbs.
now is 110 "

ihrem Sterbebett, und ich mußte sie mit den Händen um ihren Hals aufs Bett zurückdrücken. Im nächsten Augenblick stand ich auf dem Flur und schluchzte wie ein Kind.
Manchmal, wenn ich jetzt im Bett liege, sage ich zu mir: ›Du hast dich mit der Welt ausgesöhnt. Du hast keine Feinde. Es gibt niemanden, den du haßt. Wie kannst du da kein besseres Bild deiner Mutter heraufbeschwören? Angenommen, du stirbst morgen, und es gibt ein Jenseits, und du triffst sie wieder. *Was wirst du sagen, wenn du ihr gegenüberstehst?*‹ Ich kann Ihnen jetzt schon sagen, daß sie das erste und das letzte Wort haben wird.
Als wir sie begruben, geschah etwas Seltsames. Es war ein eisig kalter Tag und schneite in dicken Flocken. Sie konnten den Sarg nicht in die richtige Position bringen, um ihn in das Grab hinabzulassen. Es war, als ob sie sich uns immer noch widersetzte. Und vorher in der Leichenhalle, in der sie sechs Tage lang aufgebahrt lag, öffnete sich jedesmal, wenn ich mich über sie beugte, eines ihrer Augen und starrte mich an.

Die Jahre, die zwischen diesen beiden Aufnahmen liegen, der einen aus meinem sechsten und der anderen aus meinem achtzigsten Lebensjahr, waren gut zu mir. Irgendwie ist es ein Anfang, nicht wahr?

ANMERKUNGEN

Ich muß mich bei der Special Collections Library der Universität von Kalifornien, Los Angeles, für ihre Unterstützung bedanken. Besonders dankbar bin ich Robert Snyder, der einige Fotos für mich besorgt hat. Ein gleicher Dank geht an seinen Kollegen Baylis Glascock, der mich mit verschiedenen Diapositiven versorgte. Die nachfolgend aufgeführten Fotografen haben mir ihre Bilder zur Verfügung gestellt:

Jose Alemany, 155
George Barrows, Hollywood, 163
Brassai, Paris, 178 (unten rechts)
Wynn Bullock, Monterey, 89
Larry Colwell, 88, 95
Baylis Glascock, 24, 25, 29, 170, 171, 174, 175
Edgar w. d. Holcomb, San Francisco, 18, 19, 31
Tom Hormel, West Los Angeles, 17
Winston Kao, Hong Kong, 32
Arthur Knight, Petaluma, Kalifornien, 94, 97
Christian de Bois Larson, Beverly Hills, 22, 23, 60
Judy Longini, Sausalito, 85 (Spalte 2)
Fred Lyon, Sausalito, 85 (Spalte 1)
Arnaud de Maigret, Paris, 160
Man Ray, Paris, 164
Geoffrey Palmer, Big Sur, 102, 103
Dick Rowan, Big Sur, 106
René Saint-Paul, Paris, 178 (unten links)
Red Skelton, 43
Helen Paula Smith, 5–7
F. Florian Steiner, 100–101
Teas, Pasadena, 80–81
The Scotsman Publications Ltd., Irland, 178
William Webb, Carmel, 35, 84
Mary Willis, Edmonds, Washington, 87
Cedric Wright, 90, 91, 96, 97

Alle gegenwärtigen Fotos, wenn nicht anders vermerkt, stammen von Bradley Smith.
Ich muß mich auch bei den Besitzern einiger meiner Bilder bedanken, daß sie die Erlaubnis zur Reproduktion gaben. Es sind:
Jakob Gimpel, 113, 129, 132
Joe Gray, 114
S. Kubo, Japan, 131
Dr. Jack Sheinkopf, 117, 118, 119, 123, 130, 134,135
Hoki Tokuda, 115, 133, 136 (oben)
Die folgenden Bilder befinden sich in meinem Besitz: 115, 120, 122, 124, 126, 127, 128, 136 (unten)

HENRY MILLER

Der Vor- und Nachsatz enthält eine Chronologie des Lebens von Henry Miller. Alles Handschriftliche wurde von Henry Miller direkt für die deutsche Ausgabe geschrieben.

HENRY MILLER

Sein Werk bei Rowohlt

Wendekreis des Krebses
Sonderausgabe. Roman. 368 Seiten. Geb.

Wendekreis des Steinbocks
Sonderausgabe. Roman. 336 Seiten. Geb.

Plexus
Roman. 588 Seiten. Geb.
Taschenbuchausgabe: rororo Band 1285

Nexus
Taschenbuchausgabe: rororo Band 1242

Sexus
Roman. 608 Seiten. Geb.

Stille Tage in Clichy
Roman. Vorwort von Toni Miller. Mit 28 Fotos von Brassaï
200 Seiten. Geb.
Preiswerte Sonderausgabe zum Film. 200 Seiten. Br.

Land der Erinnerung
rororo Band 934

Der Koloß von Maroussi/Eine Reise nach Griechenland
rororo Band 758

Big Sur und die Orangen des Hieronymus Bosch
rororo Band 849

Lachen, Liebe, Nächte
Sechs Erzählungen. rororo Band 227

Sämtliche Erzählungen
Sonderausgabe. 352 Seiten. Geb.

Henry Miller Lesebuch
Herausgegeben von Lawrence Durrell. rororo Band 1461

Briefe an Anaïs Nin
Herausgegeben und eingeleitet von Gunther Stuhlmann
448 Seiten. Geb.

Lawrence Durrell/Henry Miller: Briefe 1935–1959
Herausgegeben von Georges Wickes. 352 Seiten. Geb.

Walter Schmiele, Henry Miller
In Selbstzeugnissen und 70 Bilddokumenten. rm Band 61

Lawrence Durrell über ›Sexus‹

›Miller hat sich dafür entschieden, den Teufel zu beschämen und die Wahrheit auszusprechen. Sein Werk ist eines der kühnsten, reichsten und konsequentesten Wagnisse auf diesem Gebiet seit Jean-Jacques Rousseau. In der Natur einer solchen Aufgabe liegt es, daß sie die enggesteckten Grenzen dessen, was Durchschnittsmenschen als zulässig ansehen, überschreiten muß. Maßstäbe des Geschmacks, konventionelle Vorstellungen von Schönheit und Schicklichkeit – sie müssen von Grund auf erneuert werden im Licht seiner zentralen Zielsetzung: der Suche nach Wahrheit. Häufig ist das Ergebnis schockierend, erschreckend. Die Wahrheit ist schon immer eher eine rücksichtslose Offenbarung gewesen als ein Lamento. Aber niemand, so glaube ich, könnte dieses umfangreiche und breit angelegte Werk lesen (wie ich das gerade getan habe) ohne Verwunderung und Staunen – und schließlich auch nicht ohne Dankbarkeit für das, was Miller um unser aller willen unternommen hat. Es ist nicht gerade erbaulich, jedenfalls vieles davon, aber das wirkliche Leben ist es schließlich auch nicht. Es trifft mitten ins Mark.‹

1949 Beendete *Plexus*. Begann *The Books in My Life*.

1951 Trennung von Ehefrau Lepska. Sie nahm die Kinder mit nach Los Angeles. Beendete *The Books in My Life*.

1952 Eve McClure kam am 1. April, um mit mir zusammenzuleben. Begann Niederschrift von *Nexus*. Scheidung von Janina Lepska. Brach am 29. Dezember mit Eve zu einer Europa-Reise auf. Trafen Silvester in Paris ein.

1953 Großartiges Jahr, das beste seit Clichy. Zu Gast bei Maurice Nadeau, dem früheren Herausgeber des *Combat* und Hauptorganisator der *Verteidigung von Henry Miller*. Besichtigte Rabelais' Haus vor Chinon, fuhr dann nach Wells, England, um Perlès und seine Frau zu treffen. Machte mit dem Ehepaar Schatz einen Abstecher nach Stratford-on-Avon, um Shakespeares Geburtshaus zu besichtigen. Kurzer Besuch bei John Cowper Powys in Corwyn, Wales. Zurück nach Paris. Kehrte Ende August nach Big Sur zurück. Heiratete im Dezember Eve McClure in Carmel Highlands chez Ephraim Doner.

1954 Alfred Perlès kam im November, um *My Friend Henry Miller* zu schreiben. Wanderausstellung von Aquarellen in Japan. Begann mit der Niederschrift von *Big Sur und die Orangen des Hieronymus Bosch*.

1955 Barbara Sandford, Tochter aus erster Ehe, besuchte mich. Hatte sie seit 1925 nicht mehr gesehen. Perlès reiste im Mai nach London ab. Besuch des bengalischen Dichters Buddhadeva Bose aus Kalkutta. Schrieb *Reunion in Barcelona*.

1956 Fuhr im Januar mit Eve nach Brooklyn, um meine Mutter, die im Sterben lag, zu pflegen. Begegnete dort Ben Grauer vom NBC und machte die Aufnahme *Henry Miller Recalls and Reflects*. Kehrte nach Big Sur zurück. Eine Anthologie kurzer Prosastücke erschien in hebräischer Übersetzung – *Hatzoth Vahetzi* (Eine halbe Stunde nach Mitternacht). Beendete *Big Sur und die Orangen des Hieronymus Bosch*.

1957 Schrieb *Stille Tage in Clichy* um, nachdem das fünfzehn Jahre verschollene Manuskript wieder aufgetaucht war. Ausstellung von Aquarellen in der Gallery One in London. Schrieb *Welt des Sexus*, das in der Olympia Press, Paris, erscheinen sollte, vollkommen um. Ausstellung von Aquarellen in Jerusalem und Tel Aviv. Begann *Lime Twigs and Treachery*, gab es jedoch bald auf, um die Arbeit an *Nexus* wiederaufzunehmen. Wurde zum Mitglied des National Institute of Arts and Sciences gewählt.

1958 Setzte Arbeit an *Nexus* fort.

1959 Beendete *Nexus* Anfang April. Fuhr am 14. April mit Eve und den Kindern nach Europa. Mietete für zwei Monate ein Appartement in der Rue Campagne-Première in Paris. Besuchte mit den Kindern meinen dänischen Verleger in Kopenhagen. Gerald Robitaille fungierte als ›Gouvernante‹. Erste Begegnung mit Antonio Bibalo, Komponist der Oper *Das Lächeln am Fuße der Leiter*. Mitte August Rückkehr nach Big Sur. Schrieb die drei in *Art and Outrage* (Durrell-Perlès) enthaltenen Briefe.

1960 Schrieb *To Paint Is to Love Again*. Fuhr am 4. April nach Europa, um als Mitglied der Jury am Filmfestival von Cannes teilzunehmen. Verbrachte einige Tage in Paris, besuchte dann Ledig-Rowohlt in Reinbek. Dort lernte ich Renate Gerhardt kennen. Nach Reisen durch Frankreich und Italien kehrte ich nach Big Sur zurück. Fuhr wieder nach Europa. Im Rowohlt Verlag in Reinbek schrieb ich ein Vorwort zu der neuen Ausgabe von Elie Faures *History of Art* (Gallimard) und verschiedene kleinere Stücke, darunter eines in (verrücktem) Deutsch mit dem Titel *Ein Ungebumbelte Füchselbiss* für eine kleine Zeitschrift namens *Rhinozeros*. Machte auch Zeichnungen und Aquarelle für den Herausgeber der Zeitschrift, Rudolf Dienst. Malte einige Aquarelle und spielte viel Pingpong im Rowohlt Verlag. Fuhr mit Ledig und anderen nach Mölln (Till Eulenspiegels Geburtsort), in die Lüneburger Heide, nach Bremen und anderen Städten. In den Weihnachtstagen schrieb ich bei Renate Gerhardt den ersten Entwurf zu *Just Wild About Harry*.

1961 Bereiste Deutschland, Österreich, die Schweiz, Italien, Portugal und Spanien. Besuchte Marino Marini, den berühmten Bildhauer, der eine Kopfbüste in Bronze von mir anfertigte. Kehrte von London aus im November nach Pacific Palisades zurück. In diesem Jahr brachte Grove Press den *Wendekreis des Krebses* heraus.

1962 Fing in Pacific Palisades den zweiten Band von *Nexus* an. Fuhr nach London, um Perlès zu be-